前言

电子商务已成为带动产业转型升级和公共服务体系建设的新引擎。为贯彻落实党的二十大精神，建设高质量教学体系，对接现代服务业，服务电商行业高质量发展，我们组织有丰富教学和实战经验的老师与企业人员，校企“双元”合作开发本教材。本教材将知识传授、能力培养和价值引领合为一体，全面落实立德树人的根本任务。

本教材以国家职业标准为依据，以电子商务及物流行业职业能力为主线，按照工作过程系统化的思想，提炼出典型的情景，并以不同的任务为载体，分别介绍自建物流、第三方物流、网店＋实体连锁店及物流联盟等典型的电子商务物流模式。本书配有大量图片，对学习者认知和掌握最新的电子商务物流知识和技术有很大帮助。

本教材吸纳了电子商务物流最新的知识和技术，以及现代最热门、最具代表性的公司业务和前沿技术，从而使得本书内容具有全面性、实用性、前沿性等特点，适合于中等职业学校电子商务专业及物流服务与管理专业的教学。

本教材由广东省东莞市电子商贸学校物流专业教师编写，其中吴强辉、卢桂玲老师编写了情景一“自建物流模式”，张洪、李奕老师编写了情景二“第三方物流模式”，谢明进老师编写了情景三“网店＋实体连锁店物流模式”，赵彦辉、徐朝君老师编写了情景四“物流联盟模式”，并对全书进行统筹、排版和整理。由于时间仓促和编者水平有限，书中难免有不足和疏漏之处，希望使用者批评指正，并提出建议及意见，以便日后修订完善。

本教材从相关公司网站引用了部分内容及图片，在此对原作者及相关公司表示诚挚的谢意。

编者

目录

情景一

自建物流模式

学习背景

京东于2004年正式涉足电商领域，目前是中国最大的综合网络零售商之一，是中国电子商务领域备受消费者欢迎和具有较大影响力的电子商务网站，在线销售家电、数码通信、电脑、家居百货、服装服饰、母婴、图书、食品、在线旅游等12大类、数万个品牌的百万种优质商品。2016年，京东集团市场交易额达到9 392亿元，净收入达到2 601亿元，同比增长43%，成为中国收入规模最大的互联网企业。2016年7月，京东入榜2016年《财富》全球500强，成为中国首家也是唯一入选的互联网企业。

2014年5月，京东集团在美国纳斯达克证券交易所正式挂牌上市，是中国第一个成功赴美上市的大型综合性电商平台，并成功跻身全球十大互联网公司排行榜。2015年7月，京东凭借高成长性入选纳斯达克100指数和纳斯达克100平均加权指数。近年来，京东在中国自营B2C市场的份额逐步提升，凭借全供应链，其在中国电子商务市场的优势还在继续扩大。

京东物流隶属于京东集团，以打造客户体验最优的物流履约平台为使命，通过开放、智能的战略举措促进消费方式的转变和社会供应链效率的提升，将物流、商流、资金流和信息流有机结合，实现与客户的互信共赢。京东物流通过布局全国的自建仓配物流网络，为商家提供一体化的物流解决方案，实现库存共享及订单集成处理，可提供仓配一体、快递、冷链、大件、物流云等多种服务。

学习目标

知识目标

1. 掌握自建物流的含义；
2. 理解自建物流的优劣势；
3. 掌握自建物流的运营模式；
4. 了解京东物流的新技术和新设备；
5. 掌握京东物流的仓储及配送服务；
6. 了解京东的智能物流。

技能目标

1. 掌握自建物流的配送模式；
2. 掌握自建物流使用的物流技术；
3. 掌握自建物流的仓储服务；
4. 掌握自建物流的配送服务。

情感目标

1. 通过课堂上的案例讨论、案例视频等的讲授，培养学生合作的能力；
2. 激发学生的学习兴趣以及独立思考与判断的能力。

学习任务

任务一 初识自建物流

任务描述

学校安排物流专班到京东仓库实习一段时间。爱网购的小玲感到十分新鲜，她一直对京东的送货速度非常满意，想了解更多关于自建物流的知识。

任务目标

1. 了解什么是自建物流；
2. 了解我国物流业的现状及发展方向；
3. 能够分析京东自建物流的优劣势。

任务实施

一、自建物流的含义

自建物流是指自营型的企业（集团）通过独立组建物流中心，实现对内部各部门、场、店的物品供应。目前，电子商务企业自建物流系统主要有两种情况：

第一，传统的大型制造企业或批发企业经营的 B2B 电子商务网站，由于其自身在长期的传统商务活动中已经建立起初具规模的营销网络和物流配送体系，在开展电子商务时只需对其加以改进、完善，就可满足电子商务条件下对物流配送的要求。

第二，具有雄厚资金实力和较大业务规模的电子商务公司，在第三方物流公司不能满足其成本控制目标和客户服务要求的情况下，自行建立适应业务需要的畅通、高效的物流系统，并可向其他的物流服务需求方（比如其他的电子商务公司）提供第三方综合物流服务，以充分利用其物流资源，实现规模效益。

二、我国物流业的现状及发展趋势

1. 我国物流业的现状

物流行业规模与经济增长速度具有直接关系，近十几年物流行业的快速发展主要得益于国内经济的增长，形成了一批所有制多元化、服务网络化和管理现代化的物流企业。一方面，物流市场结构不断优化，由“互联网+”带动的物流新业态增长较快；另一方面，社会物流总费用与 GDP 的比率逐渐下降，物流产业转型升级态势明显，物流运行质量和效率有所提升。但是，我国社会物流总费用占 GDP 的比重一直远高于发达国家，2017 年该比例为 15%，高于全球平均水平，美国不到 10%，如图 1-1 所示，由此看来，我国物流产业发展还有较大空间。

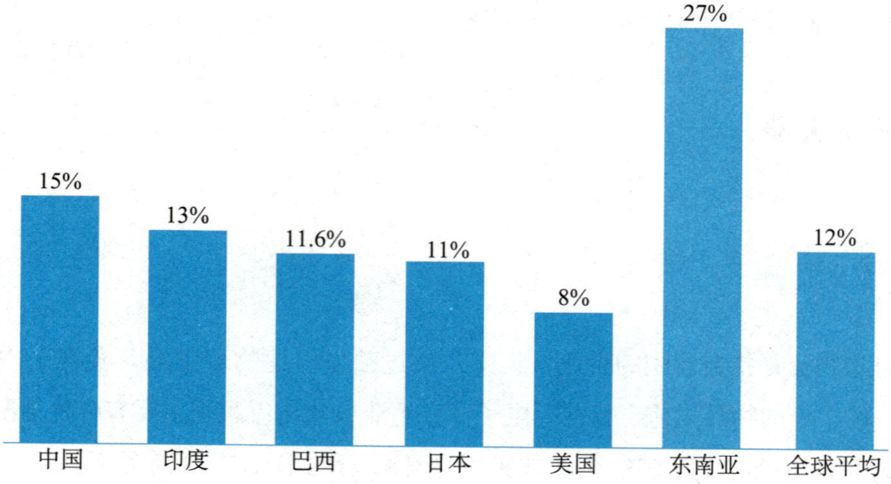

图 1-1 2017 年部分国家和地区物流成本与当年 GDP 的比率

2. 我国物流业的发展趋势

（1）物流业需求呈扩张趋势。

国家强调要加快转变经济发展方式，走中国特色新型工业化道路，实行产业结构优化升级，经济增长由主要依靠投资、出口拉动向依靠消费、投资、出口协调拉动转变，由主要依靠第二产业带动向依靠第一、第二、第三产业协同带动转变。经济发展的热点地区，在国际上由发达国家向发展中国家转移，在国内由东部沿海地区向中西部地区转移。这两个“转变”和“转移”，带来了物流需求“量”的扩张和“质”的提升。

（2）企业物流社会化与专业化趋势明显。

在激烈的市场竞争压力下，越来越多的制造企业开始从战略高度重视物流功能整合和物流业务分离外包。外包的环节由销售物流向供应物流、生产物流、回收物流延伸，由简单的仓储、运输业务外包向供应链一体化延伸。企业物流的专业化趋势也相当明显，几乎所有大型连锁企业都在力图优化自己的专业供应链。制造企业对第三方物流提出了面向高端的物流服务需求，要求物流企业能够提供专业化的解决方案和运作模式。

（3）物流企业的服务呈个性化趋势。

主要表现为传统服务的整合和专业化服务的创新。普通型的低端服务利润会越来越低，而创新型业务、增值型服务和适合客户需要的特色服务将获得更大发展空间，专业化物流的发展会更加深入。制造、商贸企业对供应链管理的重视，将会推动物流企业向专业领域渗透，加速与供应链上下游的联动。物流企业针对客户个性化的需求，大力发展增值型、创新型业务，自主物流服务的品牌价值越来越重要。

（4）物流市场细分化与国际化的趋势明显。

各行业物流的规模、结构和要求不同，其物流需求的速度、成本和服务也有很大差别，这就加速了物流市场的细分化。中国的物流市场正在成为国外企业关注的重点和投资的热点。一些国际化的企业将加快并购国内企业，完善在中国的网络布局，国内的物流网络逐步成为全球供应链网络的一部分。在参与国际化竞争的过程中，国内大型物流企业将随着中国产品和服务走出国门。

(5) 区域物流呈集聚与扩散之势。

区域物流集聚的“亮点”有：围绕沿海港口形成的“物流区”；围绕城市群崛起的“物流带”，如成都、重庆的综合配套改革试验区，“两型社会”试点的武汉城市群和湖南长株潭地区；围绕产业链形成的物流圈，如青岛的家电，长春的汽车，上海的钢铁、汽车和化工等。区域物流扩散的“热点”有：东部沿海地区物流服务向中西部地区渗透和转移；农产品进城和日用工业品及农用生产资料下乡推动的城乡“双向物流”，带来现代物流方式由城入乡的扩散；大量依靠国外进口的资源型企业由内地向沿海迁移，以优化产业布局。

三、基于现有物流状况的京东自建物流 SWOT 分析

一段时间以来，电子商务的快速发展成为我国快递业高速增长的驱动力。然而，虽然快递业近年来保持高速发展，但由于国内快递行业经营和服务水平参差不齐，与电子商务的物流配送需求始终存在一定差距，以至于国内电商企业公开宣称，物流配送问题已经成为电子商务企业发展的瓶颈，亟待解决。正是在这一大背景下，国内电子商务企业纷纷提出了自己的解决方案。在一片质疑声中，京东开始了自建物流。

以下是基于现有物流状况的京东自建物流 SWOT 分析。

1. 京东自建物流的优势 (Strengths)

(1) 掌握控制权。

企业自营物流，能够迅速地取得供应商、销售商以及最终顾客的第一手信息，解决管理物流活动中出现的问题，以便随时调整自己的经营策略。通过自营物流，企业可以全过程地有效控制物流系统的运作。

通过自建物流，京东商城能够将物流最大限度地控制在自己手里，并且形成对整个供应链链条的控制。自营物流体系为其保持高速发展提供强有力的支撑，大幅提升其在全国的配送速度，改善服务质量，解决许多问题，最终能够帮助京东商城将物流从成本控制中心转变成未来新的盈利点。这也能够形成京东商城的差异化战略，提高电子商务网站竞争的门槛。

（2）避免商业秘密的泄露。

一般来说，企业为了维持正常的运营，对某些特殊运营环节必须采取保密措施，比如原材料的构成、生产工艺等。当企业将物流业务外包，特别是引入第三方物流来经营其生产环节中的内部物流时，其基本的运营情况就不可避免地向第三方公开，企业经营中的商业秘密就可能会通过第三方物流泄露给竞争对手，影响企业的市场竞争力。

（3）降低交易成本。

企业靠自己完成物流业务，就不必就相关的运输、仓储、配送和售后服务的费用问题和物流企业进行谈判，避免了交易结果的不确定性导致的只能选用第四方物流提供的服务的情况。

（4）保证配送服务的及时性和安全性。

我国物流业起步较晚，物流管理体系不完善，所以很难找到一家服务好、效率高、收费合理三者兼具的物流公司。而在这方面，自营配送能做得很好。京东通过自营配送可以为顾客提供更及时的服务，保证服务的质量，满足顾客的需求。京东也只有通过自营配送才能完成“211 限时达”服务。很多顾客比较倾向于货到付款这种付款方式，京东商城也为这些用户提供此服务。如果第三方物流来帮京东商城配送货物，在货到付款这方面会产生不安全因素，发生对京东不利的情况。但是由京东自己的配送队伍来做这项服务就不会存在这些问题，能保证配送服务的安全性。

（5）保证特殊时期业务稳定。

每到国家规定的节假日，特别是春节期间，大部分物流公司会提前放假。但假期恰恰是顾客在网上购物的高峰期，如果仅仅依靠第三方物流来进行货品配送，则可能会面临假期无法配送的窘境。而通过企业的自营配送则可以顺利完成特殊时期的配送业务，保证在此期间业务水平的稳定。

2. 京东自建物流的劣势（Weaknesses）

（1）企业庞大的投资。

企业为了建立物流系统，在仓储设备、运输设备以及相关的人力资本等方面需付出巨额成本，不利于企业抵御市场风险。这必然减少企业其他重要环节的投入，削弱企业的市场竞争能力。只有当京东在某城市的日订单量达到1万个以上时，投资买地建物流中心才合算。若是在某城市租赁仓库，日订单量也要达到5 000个以上才合算。这种情况下，企业过大的投资，也就意味着其中伴随着更大的风险。

（2）企业配送效率低下，管理难以控制。

对于绝大部分企业而言，物流并不是其所擅长的业务。在这种情况下，京东自营物流就等于迫使自己从事不专长的业务活动，京东的管理人员往往需要花费过多的时间、精力和资源去从事物流工作，结果可能是辅助性的工作没有做好，又没有发挥关键业务的作用。

（3）规模有限，物流配送区域受限，成本较高。

在企业产品数量有限的情况下，采用自营物流不足以形成规模效应，一方面导致物流成本过高，产品成本升高，降低了市场竞争力；另一方面由于规模的限制，物流配送区域会受到限制，而且成本较高。

3. 京东自建物流的机遇（Opportunities）

目前，我国物流业发展的速度远远低于电子商务发展的速度。电子商务孕育了巨大的市场机遇，物流作为电子商务的基础，面临着极大的市场需求。大部分消费者对自建物流模式网站有一定忠诚度及信赖度，而企业过多地依赖于第三方物流，会受到很多的局限，像京东这样尽早拥有自建物流和第三方物流相结合的物流体系，相比其他一些类似的电子商务企业，可以在竞争中更快地获得更大的竞争优势，树立良好的企业形象和增加企业的价值。

京东商城销售额增长迅速与物流配送水平落后的矛盾是京东商城自建物流的驱动力，其不断增长的订单量满足了自建物流的要求，而且自建物流还能降低物流成本，提升用户体验，带来一系列的效益。

4. 京东自建物流的威胁（Treats）

国外物流企业拥有熟练的物流操作手段、高度的专业化等方面的优势，而由于我国长期实行的计划经济体制和受经济发展水平的制约，国内物流企业对现代物流的认识和实践与发达国家相比还存在着较大的差距。

我国目前整个物流市场还相当分散，物流企业规模小，专业化程度不高，物流运输、仓储的现代化水平也不高，物流中心和配送中心的建设以及集装箱运输的发展还比较缓慢，自建物流企业专业化操作程度较低，这直接导致了物流作业过程的效率低下、成本过高，从而很难为合资企业或外资企业提供综合性的物流服务。

目前，各个大的电子商务企业都在大力推动自建物流体系，如淘宝的大物流计划，苏宁电器、国美电器进军电子商务也开始规划自建物流等。

快递行业也开始涉足电子商务领域。2010 年中国邮政与 TOM 共同打造的“邮乐网”上线；2011 年 4 月中铁快运打造的公共网络交易平台“快运商城”正式上线运行。目前，国内“三通一达”（圆通、申通、中通、韵达）以及顺丰快递等多家民营快递都开始积极进军电子商务领域。

京东自建物流的 SWOT 分析如表 1－1 所示。

表 1－1　京东自建物流的 SWOT 分析

	优势 S	劣势 W
	1. 掌握控制权 2. 避免商业秘密的泄露 3. 降低交易成本 4. 保证配送服务的及时性和安全性 5. 保证特殊时期业务稳定	1. 企业庞大的投资 2. 企业配送效率低下，管理难以控制 3. 规模有限，物流配送的专业化程度非常低，成本较高
机遇 O	SO 组合	WO 组合
1. 电商发展对物流需求大 2. 目前企业过于依赖第三方物流；消费者对自营物流忠诚度和信赖度高 3. 京东的销售额增长迅速	京东依靠自身日益成熟的自营物流体系优势，结合良好的国内物流发展环境，加速发展	京东利用自身的销售收入和外部的资金收入，分散风险，为自身的物流体系提供安全的资金保证，完善自身的物流体系，促进企业的发展
威胁 T	ST 组合	WT 组合
1. 我国物流业发展不充分，专业化程度不高，受国外威胁 2. 各大电子商务企业都在大力推动自营物流 3. 各大快递开始涉足电商领域	京东不断提高自营物流体系的专业化程度，发挥其自营物流的优势，获得较其他电子商务企业和快递企业更大的竞争力，稳固在电子商务企业中的地位	京东发展自身的电子商务，积蓄一定实力，完善自己的物流体系，为自己的发展提供保障

任务二 自建物流的运营模式

任务描述

随着实习时间的推进，小玲初步弄懂了什么叫自建物流，经理用 SWOT 分析法给大家分析了京东的自建物流，接下来，小玲想搞清楚自建物流是怎样运营的，大家一起来学习吧。

任务目标

1. 了解企业开展自建物流的两种表现形式；
2. 掌握京东自建物流的运营模式。

任务实施

一、企业开展自建物流的两种表现形式

1. 物流功能自备

该种表现形式在传统企业中非常普遍，企业自备仓库、自备车队等，拥有一个完备的自我服务体系。这其中又包含两种情况：一是企业内部各职能部门彼此独立地完成各自的物流使命；二是企业内部设有物流运作的综合管理部门，通过资源和功能的整合，专设企业物流部或者物流公司来统一管理企业的物流运作。我国的工业企业基本上还处于第一种情况，但也有不少企业开始设立物

流部或者物流公司，如京东。

2. 物流功能外包

该种表现形式主要包括两种情况：一是将有关的物流服务委托给物流企业，即从市场上购买有关的物流服务。如由专门的运输公司负责原料和产品的运输。二是物流服务的基础设施为企业所有，但委托有关的物流企业来运作，如请仓库管理公司来管理仓库，或请物流企业来运作管理现有的企业车队。

二、京东自建物流的运营模式

京东物流以降低社会化物流成本为使命，致力于成为社会供应链的基础设施。基于“短链”供应，打造高效、精准、快捷的物流服务；通过技术创新，实现全面智慧化的物流体系；与合作伙伴、行业、社会协同发展，构建共生物流生态。通过智能化布局的仓配物流网络，京东物流为商家提供仓储、运输、配送、客服、售后的正逆向一体化供应链解决方案，包括快递、快运、大件、冷链、跨境、客服、售后等在内的全方位的物流产品和服务，以及物流云、物流科技、物流数据、云仓等物流科技产品。京东是拥有中小件、大件、冷链、B2B、跨境和众包（达达）六大物流网络的企业。京东自建物流的运营模式如图 1-2 所示。

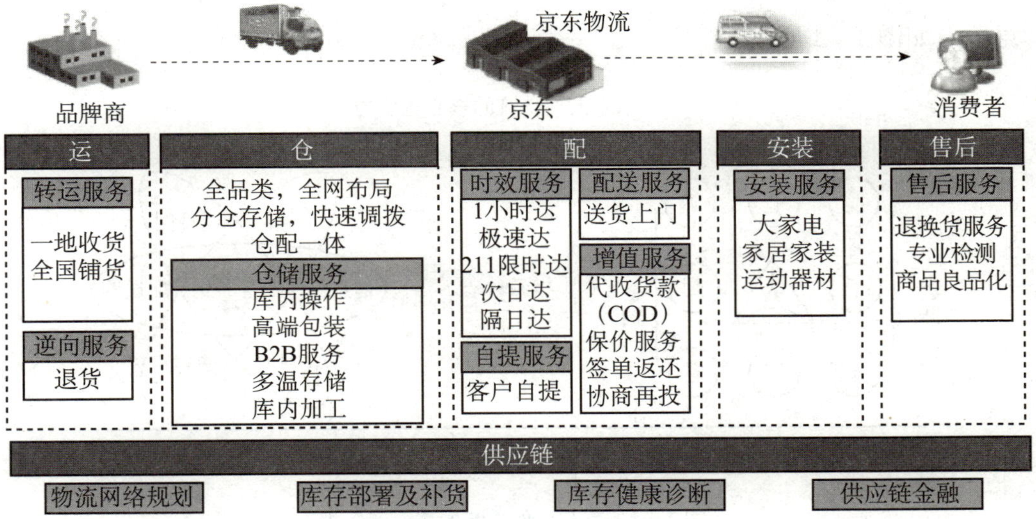

图 1-2 京东自建物流的运营模式

1. 业务介绍

京东物流的业务板块如图 1－3 所示。

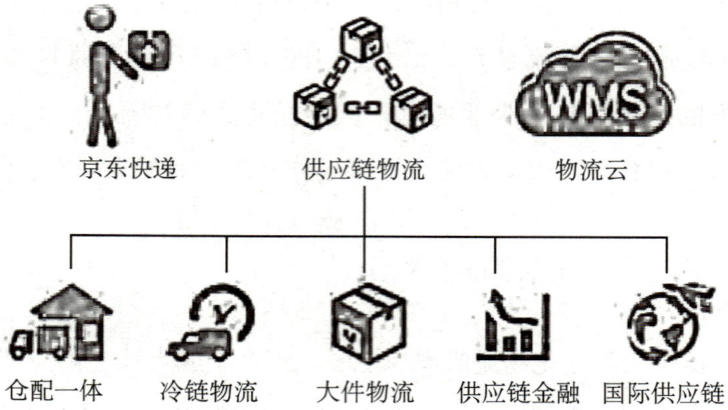

图 1－3 京东物流的业务板块

（1）仓配一体。通过布局全国的仓配物流网络，为商家提供线上线下、多平台、全渠道、全生命周期、全供应链、一体化的物流解决方案。

（2）冷链物流。优先配载，定制化温控配送，专业冷链技术与设备支持多种产品的全程冷链配送，新鲜直达。

（3）大件物流。致力于成为中国 B2C 电商领域订单履约专业物流服务商，标准定价、标准操作流程，网络覆盖全国各省市和区县。京东大件物流的核心竞争力如图 1－4 所示。

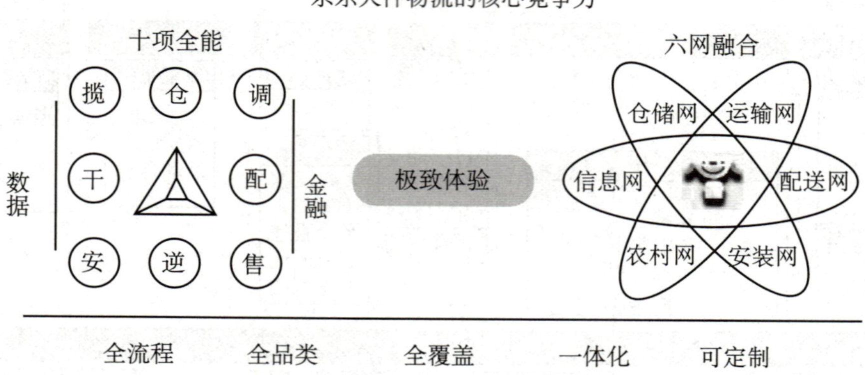

图 1－4 京东大件物流的核心竞争力

（4）供应链金融。盘活企业库存，加速资金流转，联合仓储品类质押，数据化驱动新模式。

（5）国际供应链。全国多个海外仓及保税仓满足不同的一般贸易及跨境业务需求。

2. 时效服务

（1）211限时达。211限时达是指当日上午11:00前提交的现货订单（部分城市为上午10点前），以订单出库完成拣货时间点开始计算，当日送达；夜里11:00前提交的现货订单，以订单出库后完成拣货时间点开始计算，次日15:00前送达。如图1－5所示。

图1－5　京东211限时达

（2）极速达。极速达配送服务是为用户提供的一项个性化付费增值服务，用户通过在线支付方式全额付款或货到付款方式成功提交订单，并勾选极速达服务后，京东会在服务时间内，3小时内将商品送至用户所留地址。极速达业务覆盖北京、上海、广州、成都、武汉、沈阳六个城市。如图1－6所示。

图1－6　京东极速达

（3）京准达。京准达是京东提供的一项可以选择精确收货时间段的增值服务。用户通过在线支付方式全额付款或货到付款方式成功提交订单，并勾选京准达服务后，京东将在指定的送达时间段内，将用户选择的支持京准达服务的商品送至提供的订单收货地址。京东需对每张订单在原订单金额基础上，加收京准达运费（大件商品每单39元，中小件商品每单6元，若一个订单中同时包含大件商品及中小件商品，将同时收取大件商品及中小件商品的京准达运费）。如图1－7所示。

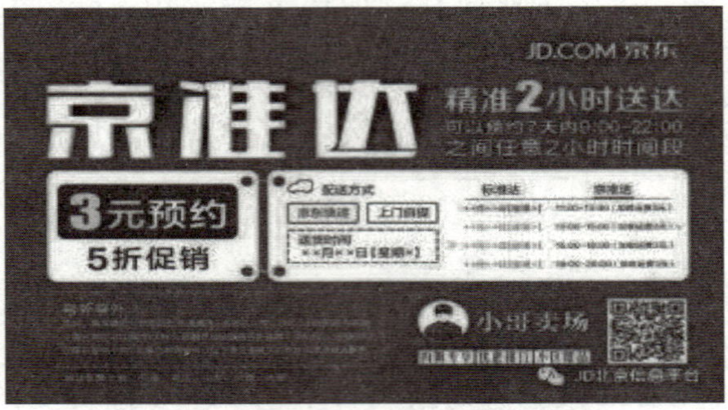

图 1-7　京东京准达

(4) 夜间配。夜间配服务是为客户提供的更快速、更便利的一项增值服务，如需要晚间送货上门服务，下单时选择“19:00—22:00”时段，属夜间配服务范围内的商品，京东将尽可能安排配送员在当日 19:00—22:00 送货上门。如图 1-8 所示。

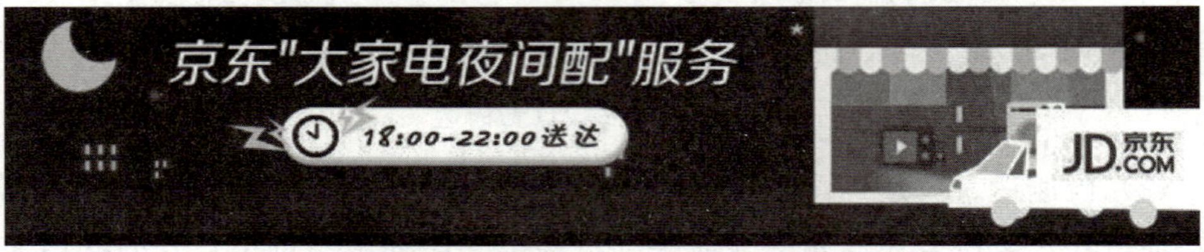

图 1-8　京东夜间配

3. 增值服务

(1) 仓间调拨。根据客户的调配需求，可实现跨区域仓到仓的货物流转。

(2) 代贴条码。客户可选择由京东物流代贴商品条码。

(3) 个性包装。京东物流可根据产品规格，提供不同尺寸的物流包装。

(4) B2B 服务。为客户提供由仓库到门店、其他仓库等的货物流转供应链服务。

(5) 组套加工。客户可将零散的商品入库，由京东物流在库内实现组套打包的生产服务。

(6) 动产金融。与京东金融合作，在京东金融根据商家商品评估金额为商家提供动产质押贷款时，京东物流作为第三方对商家质物进行系统监管。

任务三 京东物流的新技术及新设备

任务描述

小玲通过在京东的实习，了解到京东很多物流技术和设备都是很先进的，甚至达到世界一流的水平。小玲请求经理给自己介绍一下京东这些先进的“黑科技”。

任务目标

1. 掌握京东物流所使用的新技术及新设备；
2. 理解这些新技术和新设备为物流带来的新变化。

任务实施

一、京东物流的新技术——区块链

京东认为，区块链有着去中心化、点对点传输、透明、可追踪、不可窜改、数据安全等特点，可以用来解决现有业务的一些痛点，实现业务模式的创新。对京东来说，区块链在供应链、金融、政务及公共服务等领域的典型应用场景值得研究。

1. 供应链领域

供应链由众多参与主体构成，存在大量交互协作，信息被离散地保存在各自环节、各自系统中，缺乏透明度。如图 1－9 所示的是京东日用百货 3C 类产品的供应链。

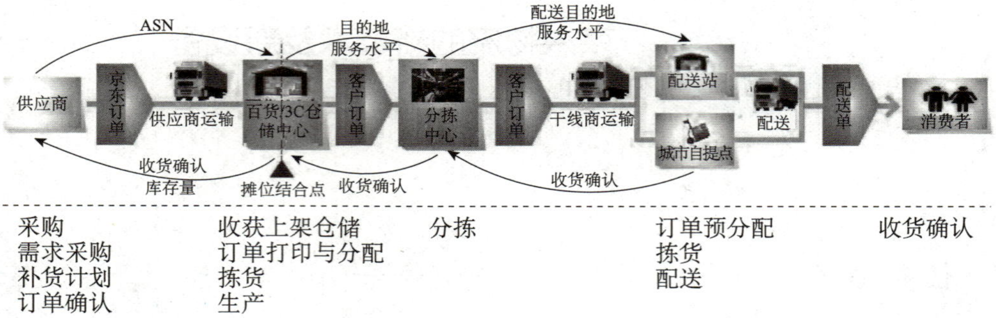

图 1－9　京东日用百货 3C 类产品的供应链

2. 商品防伪追溯

借助区块链技术，实现品牌商、渠道商、零售商、消费者、监管部门、第三方检测机构之间的信任共享，全面提升品牌、效率、体验、监管和供应链整体收益。将商品原材料采购过程、生产过程、流通过程、营销过程的信息进行整合并写入区块链，实现精细到一物一码的全流程正品追溯。如图 1－10 所示。

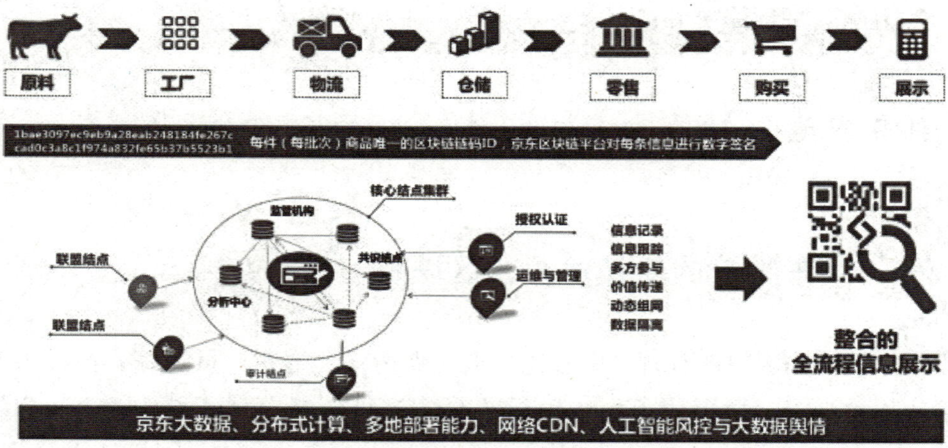

图 1－10　京东商品的防伪追溯

3. 贸易融资

针对供应链中的大型企业，银行可以丰富融资风控模型，减少线下人工采集和确认信息真实性的工作量，开展动产评估下的融资服务。

4. 金融领域

金融的核心是信用的建立和传递，区块链以其不可篡改、安全透明、去中心化或多中心化的特点，天然适用于多种金融场景。通过区块链系统，交易双方或多方可以共享一套可信、互认的账本，所有的交易清结算记录全部在链可查，安全透明、不可篡改、可追溯，极大地提升对账准确度和效率。

二、京东物流的新设备

1. 京东无人机

在第二届上海亚洲消费电子展（CES Asia）期间，京东在展台曝光了正在研发中的两款用来送货的无人机，京东已经成立专门的项目小组，研发物流无人机和机器人，以节省时间和成本。

无人机送货被看成京东突破瓶颈、延续优势的一个探索。刘强东在 2016 年 4 月曾透露，京东已经成立专门的项目小组，研发物流无人机和机器人。在 2016 年 5 月底的中国大数据博览会上，京东的送货无人机也高调亮相。目前，农村送货成本远远高于城市，而无人机能很好地解决农村送货成本问题。根据目前的测试，正常情况下，京东无人机往返 10 公里，成本还不到 1 度电，也就是不足 5 毛钱，而且比汽车配送要快。京东无人机如图 1－11 所示。

图 1－11　京东无人机

2. 仓库智能分拣机器人——“小黄人”

分拣机器人在工作的时候，是通过智能判断来完成对货物的投递的。分拣中心的工作人员的工作只是将货物面单向上放在机器人的托盘上。当机器人完成系统扫描之后，它就会自动出发，找到对应的投递入口，将货物成功投递。

在行进过程中，机器人主要通过识别场地中的二维码来选择前进的路线，它还能够实时接收其他机器人的位置信息，判断前方的障碍物，据此做出转弯或者停止等待的指令，以免在行进过程中发生碰撞之类的事故。如果遇见货物堆满的情况，它们还能自动排队。“小黄人”如图 1－12 所示。

图 1－12　京东智能分拣机器人——“小黄人”

3. 京东无人配送车

京东无人配送车（如图 1－13 所示）集众多光环于一身，其依托安装在车身周围的多个单线激光雷达以及摄像头，通过人工智能学习熟悉地形，避让行人，判断道路状况，遇到十字路口还可以识别红绿灯；可以根据目的地进行自主路径规划，寻找最短路径，并规避拥堵路段。无人配送车可以通过京东 App、手机短信等方式通知用户收货，甚至还融入了人脸识别技术，使客户收货更加便捷。

图 1-13　京东无人配送车

4. 京东无人仓

京东物流首个全流程无人仓建筑面积达 40 000 平方米，是全球首个正式落成并规模化投入使用的入库、存储、包装、分拣全流程无人的物流中心，实现了全系统的智能化和无人化，如图 1-14 所示。在无人仓中，有搬运机器人、分拣机器人、六轴机器人、堆垛机器人、货架穿梭车、无人叉车等一系列物流机器人和设备辛勤地工作，形成了完整的中件商品与小件商品智慧物流场景。

图 1-14　京东无人仓

物流中心主体由收货、存储、订单拣选、包装四个作业系统组成。存储系统由8组穿梭车立库系统组成，可同时存储商品6万箱。在货物入库、打包等环节，京东无人仓配备了3种不同型号的六轴机械臂，应用在入库装箱、拣货、混合码垛、分拣机器人供包4个场景中。

另外，在分拣场内，京东引进了3种不同型号的智能搬运机器人执行任务；在不同场景内，京东分别使用了2D视觉识别、3D视觉识别以及由视觉技术与红外测距组成的2.5D视觉技术，为这些智能机器人安装了“眼睛”，实现了机器与环境的主动交互。京东无人仓正式运营后，其日处理订单的能力将超过20万单。

5. 京东自提柜

京东自提柜（如图1-15所示）可以提供全天不间断的自提服务，用户只需在下单时选择自助式自提的配送方式，所购商品就会第一时间送至自提柜，随后京东系统自动发送短信提示消费者取货。取货时，消费者仅需输入订单号和提货码，或直接扫描提货二维码，即可完成身份验证，在按提示完成POS机刷卡支付后，便可开柜取货。

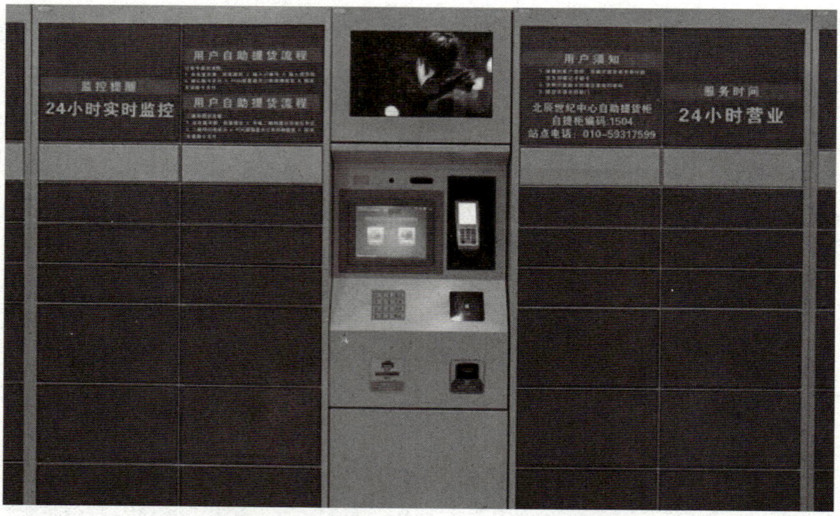

图1-15 京东自提柜

6. 人工智能系统——JIMI

JIMI（如图1-16所示）是京东自主研发的人工智能系统，它通过自然语言处理、深度神经网络、机器学习、用户画像等技术，能够完成全天候、无限量的用户服务，涵盖售前咨询、售后服务等电子商务各环节。

图 1-16　人工智能客服机器人 JIMI

7. 京东云

京东云（如图 1-17 所示）是京东集团旗下的云计算综合服务提供商，拥有全球领先的云计算技术和完整的服务平台。依托京东集团在云计算、大数据、物联网和移动互联应用等多方面的长期业务实践和技术积淀，京东云致力于打造社会化的云服务平台，向全社会提供安全、专业、稳定、便捷的云服务。

图 1-17　京东云

随着京东基础云、数据云两大产品线，京东电商云、物流云、产业云、智能云四大解决方案以及华北、华东、华南三地数据中心的正式上线，京东云正式加入风生水起的云计算市场争夺中。2016 年“京东 618”大促期间，京东云带宽扩容数百 G，从容抵挡了流量瞬间暴增带来的冲击，实现了全部订单在云上完成。

任务四 京东物流的仓储服务

任务描述

接下来小玲开始进入京东仓库，学习京东物流的核心业务之一——仓储服务。现代化的自营仓库都拥有哪些最新设备？整个仓储作业流程又是怎样的呢？带着这些疑问，小玲开始了她的学习旅程。

任务目标

1. 掌握京东商城的仓储体系现状；
2. 了解京东现代化运营中心——“亚洲一号”。

任务实施

一、京东物流的仓储现状

1. 京东物流的现状

目前，京东商城采取自建物流体系服务，逐渐从完全外包物流转为自营物流，物流系统开发、仓储、配送等所有电子商务环节都慢慢地从外包转为自营，这说明目前中国第三方物流服务的落后是显而易见的，其已经跟不上 B2C 电子商务市场上这些企业的速度了。对电子商务企业来说，物流的水准也直接决定了企业的水准。

2. 京东商城的仓储体系现状

京东在华北（北京）、华东（上海）、华南（广州）、西南（成都）、华中（武汉）、东北（沈阳）、西北（西安）建立了 7 大覆盖全国各大城市的物流中心；在天津、苏州、杭州、南京、深圳、宁波、无锡、济南、武汉、厦门等重点城市建立了配送站，已建成由 7 大物流中心、209 个大型城市仓储中心、近 6 000 个自提点和配送站组成的覆盖全国 2 611 个区县、近 33 万个乡村的庞大物流网络。

除了 7 大物流中心，京东商城在全国范围内还建立了 15～20 个二级库房，达到了每隔 600 公里就有一座京东商城的仓储中心或库房的目标，再加上京东商城城市配送站，实现了对所有全国发达、重要城市的覆盖。而且根据战略规划引入高科技物流生产、管理设备，扩充物流人员，以满足京东自身的销售服务体系。

3. 仓库选址标准

（1）日订单量超过 5 000 个的地区，租用仓库；

（2）日订单量大于 10 万个的地区，建立物流中心；

（3）7 个一级仓库布局于省会城市，二三线城市建二级仓库。

京东供应链如图 1－18 所示，可以看出，仓储是京东供应链的重要组成。

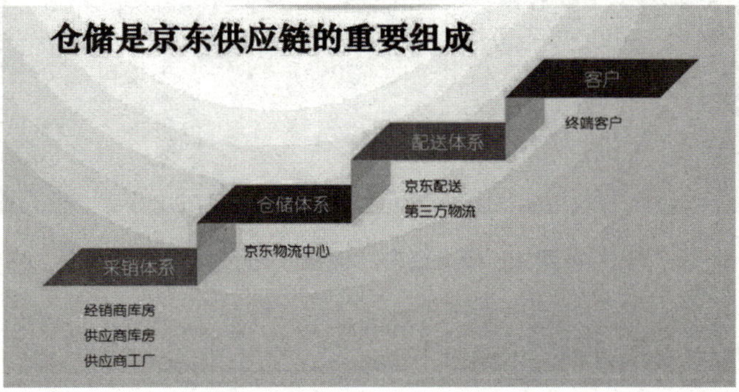

图 1－18　京东供应链

二、“亚洲一号”

京东立志将自动化运营中心打造成亚洲 B2C 行业内建筑规模最大、自动化程度最高的现代化运营中心，因此，京东将该项目命名为“亚洲一号”。

作为一个高科技的物流中心，京东“亚洲一号”仓库现分布在北京、上海、广州、沈阳、西安、成都、武汉七个区域中心地带，分别代表京津冀、长三角、珠三角、东北、西北、西南、长江流域七个地区，覆盖全国。

“亚洲一号”完全由京东自购土地、自主设计完成，集仓储、分拣、备件、售后、宿舍、餐厅等功能于一体，根据业务需要和物流设备投入差异，分为三种类型：高度自动化项目、适度自动化项目、普通园区。

“亚洲一号”通过在商品的立体化存储、拣选、包装、输送、分拣等环节大规模应用自动化设备、机器人、智能管理系统，来降低成本和提升效率。同时，京东物流根据全国各个区域的商品属性和分拣需求进行统筹规划和布局，有针对性地解决大、中、小件订单不均衡，场景复杂的难题，实现物流综合处理能力的有机匹配和全面提升。

京东“亚洲一号”外观如图 1 - 19 所示。

图 1 - 19 京东“亚洲一号”外观

1. “亚洲一号”的特点

（1）所有的商品集中存储在同一物流中心的仓库内，减少跨区作业，提升客户满意度，降低成本。

（2）快速完成商品的拆零拣选，合并属于同一订单的商品。

（3）采用自动化设备进行订单快速分拣，确保分拣效率和准确性。

2. “亚洲一号”的物流设备

（1）货到人系统：用于对纸箱、周转箱等容器进行自动化存取、搬运，并可实现货物到人的拣选技术。

（2）自动存取系统：即 AS/RS（Automated Storage and Retrieval System），也就是自动化立体仓库系统，高密度存储形式，能够充分利用存储空间。

京东自动化立体仓库系统如图 1－20 所示。

图 1－20　京东自动化立体仓库系统

（3）交叉带分拣机系统：高速自动化分拣系统，适用于中、小件型的包裹分拣，配合全自动供包形式，最大限度地降低人员投入，提高分拣效率。如图 1－21 所示。

图 1－21　京东交叉带分拣机系统

（4）AGV 系统：自动引导小车（Automated Guided Vehicle，AGV）替代了人工模式的搬运重物和重复常规的物料搬运工作，能够和机器人、自动化立体仓库等联合作业。

（5）多层阁楼拣货区：一种充分利用空间的由钢结构搭建而成的多层货架系统，员工在巷道内拣货。“亚洲一号”的部分项目采用四层阁楼货架系统，增加可用拣选面积，同时最大化地利用了存储空间。

京东的“多层阁楼拣货区”采用了各种现代化设备，实现了自动补货、快速拣货、多重复核手段、多层阁楼自动输送能力，实现了京东巨量 SKU 的高密度存储和快速准确的拣货与输送能力。

多层阁楼是实现仓储空间利用率最高的物流中心设计方式，空间利用高效了，但如果没有高效的系统和自动传送能力，还是会出现各种作业瓶颈，目前京东“亚洲一号”通过系统集成成功实现了两全其美，在这个方面比国外的亚马逊更先进。京东仓储多层阁楼拣货区如图 1－22 所示。

图 1－22　京东仓储多层阁楼拣货区

国外亚马逊的多层阁楼拣货区主要还是靠人来作业（国内也是），如图 1－23 所示。

图 1－23　亚马逊多层阁楼拣货区

(6) 输送系统："亚洲一号"各物流中心内使用了大量的输送线以减少货物搬运量，减轻人员的劳动强度，提升自动化水平。其输送系统如图 1－24 所示。

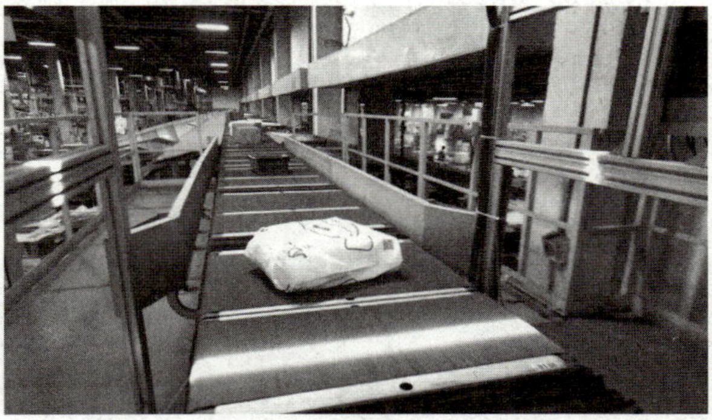

图 1－24　"亚洲一号"仓储货物输送系统

京东"亚洲一号"的生产作业区采用京东自主开发的任务分配系统和自动化的输送设备，实现了每一个生产工位任务分配的自动化和合理化，保证了每一个生产岗位的满负荷运转，避免了任务分配不均的情况，极大地提高了劳动效率。

生产作业分为两大类：一类是批次作业，主要通过"亚洲一号"的全自动化作业设备和输送设备（如图 1－25 所示）实现。另一类是高效作业，实现物流中心高效作业的关键是合理地匹配作业任务，实现最优的拣选路径。因为一个电商物流中心的拣货工人一天要跑 20 多千米，路径优化是电商物流精细化运营的关键。

图 1－25　"亚洲一号"全自动化作业及输送设备

(7) 分拣系统：出货分拣区采用了自动化的输送系统和代表目前全球最高水平的分拣系统，分拣处理能力达 16 000 件/小时，分拣准确率高达 99.99%，彻底解决了原先人工分拣效率差和分拣准确率低的问题。物流中心的作业瓶颈很多时候出现在出货分拣区，特别是在分批次拆单作业，最后合单打包物流的时候，这是考验后台 IT 系统与前台作业系统协同的关键。

"亚洲一号"分拣系统如图 1-26 所示。

图 1-26 "亚洲一号"分拣系统

任务五 京东物流的配送服务

任务描述

在完成了对京东物流仓储服务的学习后，小玲开始了实习期的最后一站——京东物流配送服务。京东配送的模式有哪些？各种模式的相同点和不同点又在哪里呢？带着疑问，小玲又开始了新的学习。

任务目标

1. 了解京东物流的配送优势；
2. 了解京东与供应商的合作配送模式；
3. 分析四种合作配送模式的不同点。

任务实施

京东快递于2007年开始建设自有物流体系，2009年斥巨资成立物流公司，建立覆盖全国的物流配送体系。近几年，京东商城先后在北京、上海、广州、成都、武汉、沈阳、西安建立了七大物流中心，并在个别城市建立二级库房。2010年建立的“华东物流仓储中心”如今承担京东商城一半以上的物流配送任务，成为京东商城目前最大的仓储中心。随着物流市场的不断壮大，京东商城推出了“211限时达”等物流配送服务，使物流配送更加高效。

一、京东物流的配送优势

京东物流在成本控制方面领先于竞争对手阿里巴巴的菜鸟网络：一方面，京东仓库购地成本很低，例如，京东在河南郑州签约购地，会将结算、税收都留在河南，并创造就业条件，所以能够以一个十分优惠的价格拿到土地；另一方面，无论是京东还是阿里巴巴，大型物流仓库都会用于租售，但淘宝和天猫的大量小型商户是完全用不上如此大规模的库存空间的，虽然京东也会遇到类似问题，但其自营业务能够直接使用这些空间。

自建物流体系能够让京东为用户提供正品保证，并且合理匹配用户的收货时间——考虑到不少用户的工作时间，京东可以做到每天三个时间段送货上门，这是第三方物流难以实现的。

如今，京东在三、四线城市的渗透率还较低，其中一个非常重要的原因就是自营物流还没有覆盖到这些区域，而京东物流配送向这些区域的延伸，能够帮助京东扩展更大的电商市场。

二、京东与供应商的合作配送模式

京东与供应商的合作配送模式有四种。

1. FBP 模式

(1) FBP 模式简介。

FBP (Fulfilled by POP) 模式是一种全托管式的物流配送模式。其工作流程如图 1-27 所示。商家与京东商城确定合作后，商家在京东商城上传店铺信息和标价并进行备货，京东商城在消费者产生订单后从仓库进行调货、打印发票，同时进行货物的配送，京东结束交易后与商家进行结算。京东商城根据消费者订单进行货物配送和开具发票，商家查看库存信息及时进行补货，从而在配送过程中减少货物运输的成本。由于商家提前进行备货，因此，京东商城能够第一时间进行货物配送，缩短配送时间，做到京东提出的“211 限时达”服务。

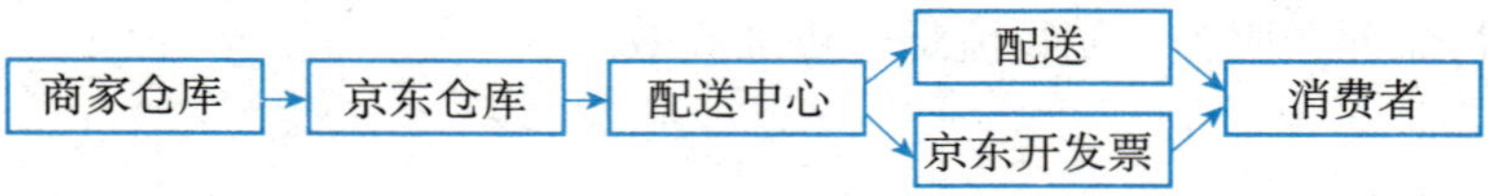

图 1-27 FBP 模式的工作流程

(2) FBP 模式适用情况。

该模式与京东自己采购的模式比较类似，京东的仓储、配送系统覆盖全国的自提点，各自提点都可以享受同等服务，京东给所有的消费者开具京东的发票。

京东目前在全国有 7 个物流中心，商家可以选择使其产品进入京东的仓库，每个仓库入多少货由商家来决定，选择入几个库也由商家决定。但是入哪个仓库就只能在该仓库覆盖的区域进行销售，如果商家希望做活动，或者京东有网上促销等活动，则必须 7 大仓库都有货。

这种模式下，货物配送可以做到“211 限时达”和全场免运费，用户体验和配送服务效果都非常好，客户删单和退货是最少的，发货速度是最快的。

FBP 模式比较适合刚做电子商务的商家，或者有实力的商家，其优势在于商家拥有定价权，即商品的价格由商家来定，商家也可以自己来决定库存。商家只需要专注自己的产品研究、产品的销售策略，其他的事情从仓储到配送等都可以交给京东来操作。

在此模式下，月结款时需要给京东开增值税发票。

2. LBP 模式

(1) LBP 模式简介。

LBP（Logistics by POP）模式是一种无须提前备货的配送模式。其工作流程如图 1-28 所示。商家与京东商城确定合作后，商家无须备货，只需在 12 小时内对货物进行包装和发货，36 小时内到达京东配送中心，由京东进行货物的配送和发票的开具。京东商城与商家合作时，只提供配送和客服两项服务，减轻京东库存压力。运用 LBP 模式的优势在于，产生订单后，商家能够第一时间进行配货，发货相对方便。但是货物在配送时需经过京东配送中心，导致运输速度有所下降，配送周期有所增加，因此加大了商家的配送运输成本，降低了京东的配送效率。

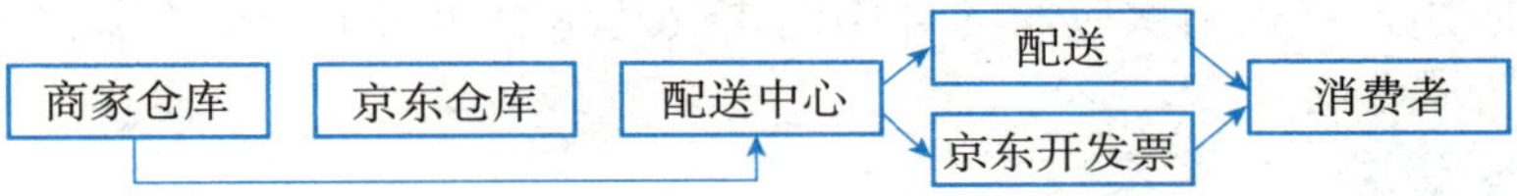

图 1-28　LBP 模式的工作流程

(2) LBP 模式适用情况。

该模式适合服装、鞋类和 SKU 数非常多但入库比较麻烦的其他产品，或者库存比较紧张的商家。

3. SOPL 模式

SOPL（Sales on POP Logistics）模式与 LBP 模式相似，其工作流程如图 1-29所示。商家与京东商城确定合作后，商家无须备货，只需在 12 小时内对货物进行包装和发货，36 小时内到达京东配送中心，由京东进行货物的配送。与 LBP 模式不同的是，SOPL 模式的发票开具环节是由商家完成的，京东在整个物流过程中只提供配送服务，其他的工作都由商家自己完成。SOPL 模式的运用，一定程度上减轻了京东仓储的压力，减少了物流配送过程中的配货成本。与 LBP 模式相同，订单的生成和发货从商家开始，会影响货物的发货速度和运输时间，降低配送效率，导致客户满意度下降。

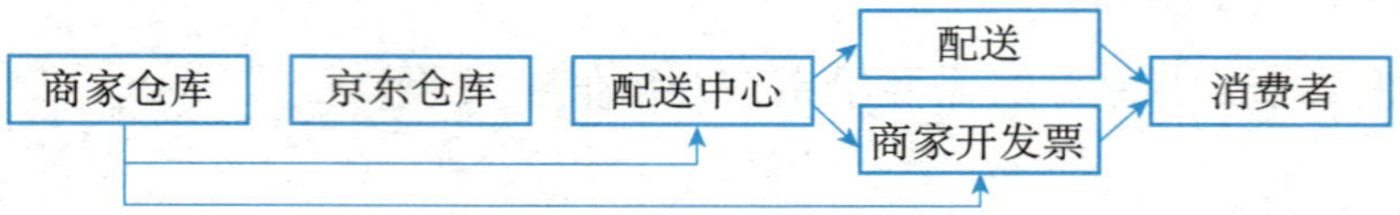

图 1-29 SOPL 模式的工作流程

4. SOP 模式

SOP（Sales on POP）模式是一种直接由商家发货的物流配送模式，京东在物流过程中不起任何作用。商家与京东商城合作，京东商城只提供可操作的后台，物流配送的工作以及后期服务全部由商家自己完成。京东商城只要求商家在订单产生 12 小时内进行配货发送。SOP 模式的整个物流配送过程都由商家独自完成，这大大降低了京东商城的物流配送压力，减少了配送支出和运输成本，减轻了京东的库存压力。SOP 模式的优势在于商家已有成型的团队同时操作京东平台。

综上所述，京东与供应商的合作模式及其流程如图 1-30 所示。

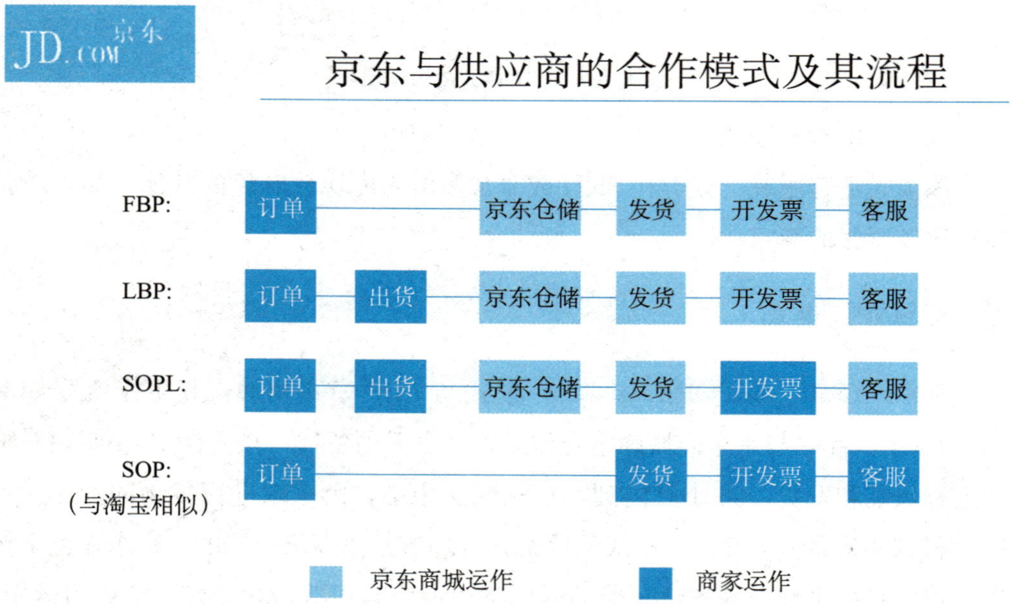

图 1-30 京东与供应商的合作模式及其流程

知识小结

1. 自建物流的含义。
2. 自建物流的运营模式。
3. 以京东物流为代表的自建物流所使用的新技术和新设备。
4. 京东物流的仓储服务。
5. 京东物流的配送服务。

练习提升

一、单选题

1. 自建物流是指自营型的企业（集团）通过独立组建（　　），实现对内部各部门、场、店的物品供应。

A. 物流中心　　B. 配送中心　　C. 仓库　　D. 物流车队

2. 社会物流总费用与 GDP 的比率逐渐下降，说明物流产业（　　）的态势明显，物流运行质量和效率有所提升。

A. 停滞发展　　B. 走向滑坡　　C. 转型升级　　D. 速度缓慢

3. 京东商城通过自建物流能够将物流控制在（　　）手里，并且形成了对整个供应链链条的控制。

A. 第二方　　B. 第三方　　C. 供应商　　D. 自己

4. 以下哪一项不属于自建物流的劣势？（　　）

A. 投资过大，资金周转困难　　B. 增加企业运作的风险

C. 提高交易成本　　D. 配送效率低下

5. 以下哪一项不属于京东的新设备？（　　）

A. 无人机　　B. 无人配送车　　C. JIMI　　D. 小 G 机器人

6. 京东与供应商的合作模式中，以下哪种模式需要供应商自己发货？（　　）

A. FBP　　B. LBP　　C. SOPL　　D. SOP

7. 以下哪一种配送模式属于全托管式配送模式？（　　）

A. FBP　　B. LBP　　C. SOPL　　D. SOP

8. 京东目前已经在全国范围内拥有（　　）个一级库房？

A. 5 个　　B. 6 个　　C. 7 个　　D. 8 个

9. 京东提供的一项可以选择精确收货时间段的增值服务是（　　）。

A. 211 限时达　　B. 极速达　　C. 夜间配　　D. 京准达

10. 有望被用于乡村地区的物流配送设备是（　　）。

A. 无人配送车　　B. 无人机　　C. 京东云　　D. 无人仓库

二、判断题

1. 我国社会物流总费用占 GDP 比重一直远高于发达国家。（　　）

2. 自建物流模式优于第三方物流模式。（　　）

3. 我国目前整个物流市场已经高度成熟。（　　）

4. LBP 模式下京东商城负责发货环节。（　　）

5. FBP 模式能够第一时间进行货物配送，缩短配送时间，做到京东提出的“211 限时达”服务。（　　）

6. “亚洲一号”通过在商品的立体化存储、拣选、包装、输送、分拣等环节大规模应用自动化设备、机器人、智能管理系统，来降低成本和提升效率。（　　）

7. 商品条码只能由客户自己粘贴。（　　）

8. AGV 系统能最大化地降低人员投入，提高分拣效率。（　　）

9. 针对供应链中的大型企业，银行可以丰富融资风控模型，减少线下人工采集和确认信息真实性的工作量，开展动产评估下的融资服务。（　　）

10. 仓库智能分拣机器人主要通过识别场地中的红外线来选择前进的路线。（　　）

知识拓展

京东创建智慧物流

京东这两年对外展示了最新的无人仓视频，同时披露了其中应用的核心技术。在京东正着力打造的智慧物流中心里，从入库、在库到拣货、分拣、装车的完整过程都无须人力参与，使库房拥有极高的效率和出色的灵活性。负责京东智慧物流研发的×事业部总裁肖军表示，“无人仓”代表着全新的第三代物流系统技术，将是京东物流应用质的飞跃，其智能化体现为：数据感知、机器人融入、算法指导生产。

从人工作业到无人仓

随着中国制造2025和工业4.0概念的深化，生产、装备和物流行业正面临一次全面升级，作为工业4.0概念三大核心之一的智慧物流也得到了越来越多的关注。数据显示，2009—2014年，全国社会物流总费用在GDP中的占比由18.1%下降至16.6%，但与发达国家物流成本占GDP约10%的比例还有很大差距，提高物流效率、降低物流成本成为企业的明确追求。

物流作为京东的核心竞争力一直引领着行业的发展，京东不断从内部酝酿新的物流技术革命。在京东眼中，物流技术到目前已经发展到了第三代。

第一代物流技术适用于人工作业的仓库，典型特征是人作为入库、在库、出库的生产力；第二代物流系统技术以京东“亚洲一号”系列仓库的投入使用为标志，以适度自动化作为主要特征，主要应用了大量的自动化立体仓库（AS/RS)、输送线、自动分拣机等物流自动化设备，在这些环节提高了库内作业效率；第三代物流系统技术是以“无人仓”作为载体的全新一代智能物流技术，其核心特色体现为数据感知、机器人融入和算法指导生产，可以全面改变目前仓储的运行模式，极大地提升效率并降低人力消耗。

无人仓之眼——数据感知

由人、设备和流程等元素构成的仓库作业环境会随时随地产生大量的状态信息。过去，这些信息只能通过系统中数据的流转来进行监控，缺乏实时性，也难以对业务流程进行指导。而传感器技术的进步，带来了最新的数据感知技术，从而可以迅速、精准地获取仓库中的各种数据。

“例如，传统的盘点是库内作业人员必须来到某一货位前，人工进行盘点。而如今通过视觉传感器拍摄库存照片，利用图像处理技术来分析实际库存和系统库存的差异，就可以形成最终的盘点结果。”肖军说。京东已经在图像处理、认知感知等领域进行了大量的基础研发，可以迅速将传感器获取的信息转化为有效数据，而这些数据将成为系统感知整个仓库各个环节状态的依据，通过京东仓储管理系统的大数据、人工智能等模块，更好地生成决策指令，指导库内作业单元工作。

无人仓的四肢——机器人

从京东公布的无人仓视频看，从商品入库、存储到拣货、包装、分拣、装车的环节都无须人力参与，形态各异的机器人成了无人仓的主角，机器人融入正是无人仓的重要特色之一。

占据仓库核心位置的立体货架可以充分利用空间，让仓储从“平房”搬进“楼房”，有效利用宝贵的土地面积。在狭窄货架间运转自如的料箱穿梭车（Shuttle）是实现高密度存储、高吞吐量料箱进出的关键。它在轨道上高速运行，将料箱精准放入存储位或提取出来，送到传送带上，出入库速度可达每小时 1 000 箱。

从立体货架取出的料箱会传送到一个机械手下面进行拣选，机械手迅速把商品置入相应的包装箱内。这种灵巧迅捷的机械手是并联机器人，具备精度高、速度快、动态响应好、工作空间小等特色，能达到 3 600 次/小时的拣选速度，保证了整个无人仓生产的高效率。

无人仓中有大量貌似“扫地机”的机器人托着料箱周转箱有条不紊地忙碌着，这种 AGV（自动引导小车）可通过地上的二维码定位进行导航，并结合系统的调度，实现整个仓库生产的合理安排。相较于传统的输送线的搬运方案，通过 AGV 实现“货到机器人”的方式具有更高的灵活性。

京东的无人仓中也有我们比较熟悉的机器人——六轴机器人可实现拆码垛，就是堆放和移动商品。在码垛算法的指导下，每种商品都可以自动生成个性化的垛型，由机器人自动适配对其进行自动码垛。

无人仓的大脑——人工智能算法

除了丰富及时的数据和高效执行的机器人，闪烁着人工智能光芒的核心算法更是京东无人仓的“软实力”所在。例如，在上架环节，算法将根据上架商品的销售情况和物理属性，自动推荐最合适的存储货位；在补货环节，补货算法的设置让商品在拣选区和仓储区的库存量分布达到平衡；在出库环节，定位算法将决定最适合被拣选的货位和库存数量，调度算法将驱动最合适的机器人进行“货到人/机器人”的搬运，以及匹配最合适的工作站进行生产。

“整个无人仓技术的实现，算法是核心和灵魂，能极大地提高库内作业效率。而这些算法的集合，将是人工智能在仓库的最好体现。”肖军表示。随着京东大数据和人工智能技术的迅猛发展，无人仓的“智力”还将持续提高，让仓储的运营效率不断逼近最优值。

丰富的数据感知、人工智能算法决策和机器人系统组成了京东无人仓的眼睛、大脑和四肢，面对大量货品的流动，它们有条不紊地进行冷静调配和操作。与传统的仓储模式相比，京东无人仓在运营效率、灵活性、吞吐量等方面跨上了一个新的台阶，不仅推动着京东自身物流技术的蜕变，更是树立了中国物流界的里程碑，成为行业引领者。

京东智慧物流的全景视图

除关注京东无人仓的技术亮点和运行特色之外，我们更应该从智慧物流的角度综合来看京东陆续曝光的无人机、无人车。实际上，在 2016 年 5 月份成立×事业部时，肖军就表示，京东眼中的智慧物流是基于海量精准的数据、智能融合的应用及全面开放的生态，构建高效的物流环境与平台，实现开放创新、协同创新的智能物流新业态。

京东眼中的智慧物流是一个完整的体系，无人仓解决进货、存储、拣货、包装、分拣等环节，无人车主攻城市环境下的最后一公里配送，无人机则锁定乡村配送。单一环节的自动化升级会带来局部效率的提升，而京东拥有完整的物流体系，掌握每一个物流环节，并展开全面的智慧物流升级，通畅的数据流、天然的无缝衔接、完整的全局考量让京东的实践颇具特色和优势。相信这张智慧物流的大网会将京东在物流领域的优势进一步发挥，也让消费者享受到更便捷的购物体验。

思考

1. 京东智慧物流使用了哪些先进技术？
2. 京东智慧物流的打造为企业带来了哪些好处？
3. 京东的物流技术设备发展的三大阶段分别是什么？

情景二

第三方物流模式

学习背景

进入 21 世纪，随着作为新兴产业之一的现代物流业的迅猛发展，国内的物流公司如雨后春笋般涌现，进而形成了第三方物流产业。相比传统的物流公司，第三方物流更专业，综合成本更低，配送效率更高，已经成为国际物流业发展的趋势、社会化分工和现代物流发展的方向。

据美国权威机构统计，通过第三方物流公司的服务，企业物流成本下降了 11.8%，物流资产下降了 24.6%，办理订单的周转时间从 7.1 天缩短为 3.9 天，存货总量下降了 8.2%。据调查，在西方发达国家，第三方物流已经是现代物流产业的主体。欧洲的大型企业使用第三方物流的比例高达 76%，而且 70%的企业使用不止一家。在欧洲，第三方物流所占市场份额，德国为 23%，法国为 27%，英国为 34%。美国、日本等国家使用第三方物流的比例都在 30%以上。在工业企业中，原材料的物流交由第三方物流完成的占 18%，商品销售物流占 16%。

我国的第三方物流在物流市场中所占的比例仅为 10%，还没有太多大型、专业的第三方物流企业，这是我国当前物流发展中最薄弱的环节，也制约了我国经济的发展。2017 年我国第三方物流市场规模增长至 12 411 亿元，规模不断增长，但高度分散，在 1 万至 1.5 万家第三方物流企业中，没有一家企业能占到

2%以上的市场份额，大多数物流公司只是局限在供应链功能的一小部分，无法满足客户的一体化物流服务需求。中国最大的物流供应链管理软件供应商博科资讯总裁沈国康指出，由于大部分物流企业是从原来的储运业转型而来，因此大都未形成核心竞争力，企业的技术水平与管理水平不高，缺乏公认的物流服务标准。虽然各地的物流企业数量与基础投资猛增，但低价恶性竞争严重扰乱了市场秩序，造成物流企业普遍业绩不佳，发展后劲不足。运用信息化手段提高运输质量和运输效率，提高客户服务能力，从而提高核心竞争力，是很多第三方物流企业应对市场竞争的必然选择。

近几年，我国的第三方物流市场以每年16%～25%的速度增长。虽然我国物流行业发展很快，但目前我国第三方物流信息化应用的水平还比较低。据统计，大量第三方物流企业的信息化水平还停留于全球定位系统（GPS）、射频识别（RFID）等初级阶段，有的企业甚至连办公套件、企业邮箱都不具备，这类企业占第三方物流企业总数的50%以上。我国的物流企业中，中小企业占了大部分，绝大多数中小物流企业尚不具备运用信息技术处理物流信息的能力。即使是拥有信息系统的企业，其信息化需求也多属于底层需求，基础信息系统建设是其信息化建设的主要内容。同时，中小企业在选购物流信息化系统时，最主要考虑的是成本问题，对企业未来的需求考虑不足。大多数物流信息系统的成本较高，很多功能又用不上，但企业发展壮大之后有可能就非常需要这些功能，这就要求产品拥有全生命周期的特性，可以随着企业自身的发展和业务拓展而进化。当今市场上，大多数物流供应链管理软件厂商还不具备提供此类产品的能力，缺少适合中小物流企业的信息系统严重制约了这类企业信息化的普及。

学习目标

知识目标

1. 掌握第三方物流模式的含义；
2. 掌握第三方物流企业的基本组织结构；
3. 掌握第三方物流运作模式及盈利模式；
4. 理解第三方物流在电商物流中的优劣势；

5. 掌握第三方物流常用的设备；
6. 了解快递公司的淘宝订单操作流程。

技能目标

1. 学会第三方物流的实际运作流程；
2. 掌握第三方物流模式使用的物流技术。

情感目标

1. 激发学生学习电子商务物流的激情和兴趣；
2. 帮助学生进行职业定位，培养学生的职业素养。

学习任务

任务一　初识第三方物流

任务描述

小明刚到一家第三方物流公司上班，初入职场，一切都比较陌生，小明对第三方物流非常好奇，想弄懂它是怎样的一种物流形式，以便于自己以后更好地工作。

任务目标

1. 了解第三方物流的含义；
2. 理解第三方物流产生的原因；
3. 掌握第三方物流企业的基本组织结构。

任务实施

一、第三方物流的含义

第三方物流是相对“第一方”发货人和“第二方”收货人而言的，是由第三方物流企业来承担企业物流活动的一种物流形态。第三方物流既不属于第一方，也不属于第二方，而是通过与第一方或第二方的合作来提供专业化的物流服务，它不拥有商品，不参与商品的买卖，而是为客户提供以合同为约束、以结盟为基础的系列化、个性化、信息化的物流代理服务。第三方物流系统如图 2－1 所示。

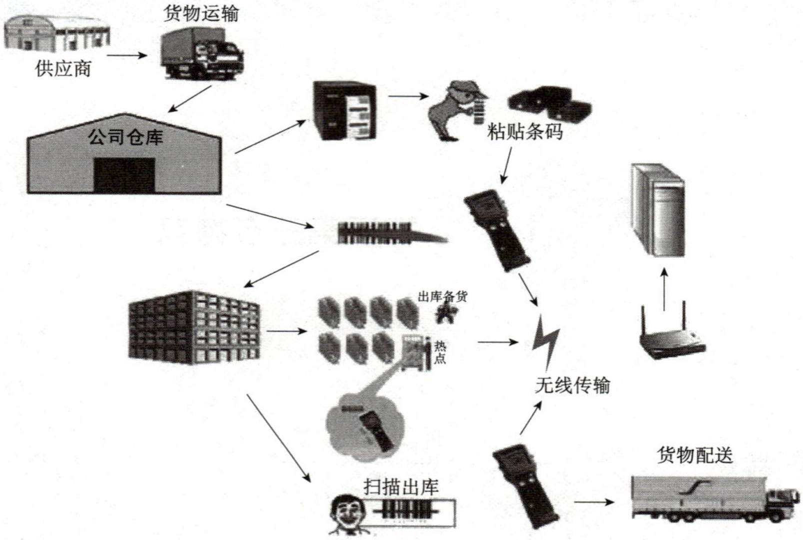

图 2－1　第三方物流系统

宝供物流即为第三方物流的典型代表，其商标如图 2－2 所示。

图 2－2　第三方物流企业宝供物流商标

二、第三方物流产生的原因

随着信息技术的发展和经济全球化的趋势，越来越多的产品在世界范围内生产、流通、销售和消费，物流活动日益庞大和复杂，而第一方、第二方物流的组织和经营方式已不能完全满足社会需要；同时，为参与世界性竞争，企业必须确立核心竞争力，加强供应链管理，降低物流成本，把不属于核心业务的物流活动外包出去。于是，第三方物流应运而生。

三、第三方物流企业的基本组织结构

一般来说，第三方物流企业由以下部门组成：

（1）市场部。第三方物流企业的市场部主要从事物流服务的定价，制定市场营销策略，并制定精准的客户服务方案，做好售后服务等。

（2）运营部。第三方物流企业的运营部是最核心的一个部门，这个部门主要从事公司的主要物流业务，如订单处理、运输、仓储、报关等。

（3）研究开发部。该部门主要负责公司信息系统的管理，还有一些新技术的研发，由于近年来电子商务发展迅猛，该部门也要思考如何更好地将物流与电子商务进行融合。

（4）企业管理部。该部门主要负责企业内部事务的综合管理，如数据的统计分析、人事招聘、服务质量管理、后勤等。

（5）财务部。该部门主要负责公司的账务处理。

第三方物流企业的基本组织结构如图 2－3 所示。

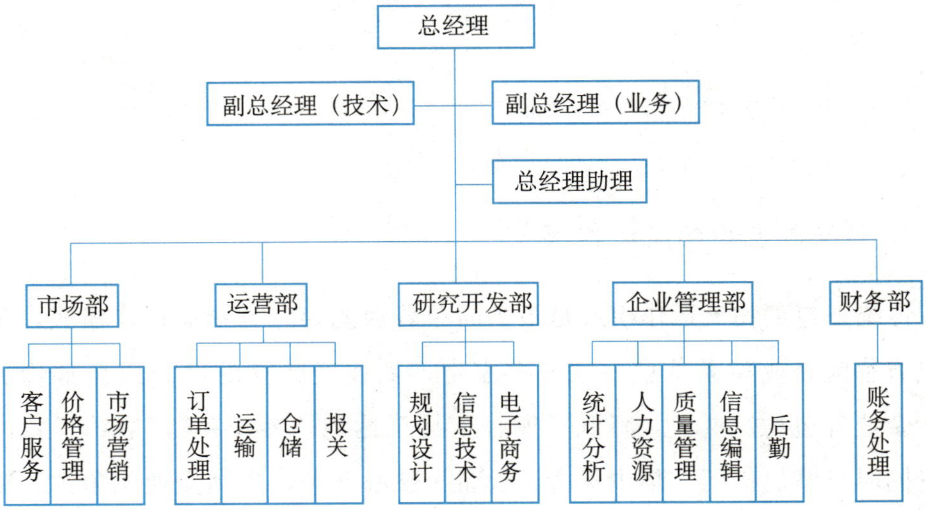

图 2－3　第三方物流企业的基本组织结构

任务二 第三方物流运作模式及盈利模式

任务描述

小明对第三方物流已经有了初步的认识，但是他觉得还不够，还需要更加深入地了解。他对第三方物流的运作模式和盈利模式产生了浓厚的兴趣。

任务目标

1. 掌握第三方物流的运作模式；
2. 掌握第三方物流的盈利模式。

任务实施

一、第三方物流的运作模式

1. 传统外包型物流运作模式

传统外包型物流运作模式是最为简单普通的第三方物流运作模式，是指第三方物流企业独立承包一家或多家生产商或经销商的部分或全部物流业务。企业外包物流业务，降低了库存，甚至达到“零库存”，节约了物流成本，同时可精简部门，集中资金、设备于核心业务，提高企业竞争力。第三方物流企业各自以契约形式与客户形成长期合作关系，保证了自己稳定的业务量，避免了设备闲置。这种模式以生产商或经销商为中心，第三方物流企业几乎不需专门添置设备和业务训练，管理过程简单。订单由产销双方完成，第三方物流只完成承包服务，不介入企业的生产和销售计划。目前我国大多数物流业务就是这种模式，实际上这种模式并不比传统的运输、仓储运作模式更高级。这种模式最大的缺陷是生产企业、销售企业以及第三方物流企业之间缺少沟通的信息平台，会造成生产的盲目和运力的浪费或不足，以及库存结构的不合理，没有实现资源更大范围的优化配置。而且据统计，目前物流市场以分包为主，总代理比例较少，难以形成规模效应。运用传统外包型物流运作模式的行业对比如图 2－4 所示。

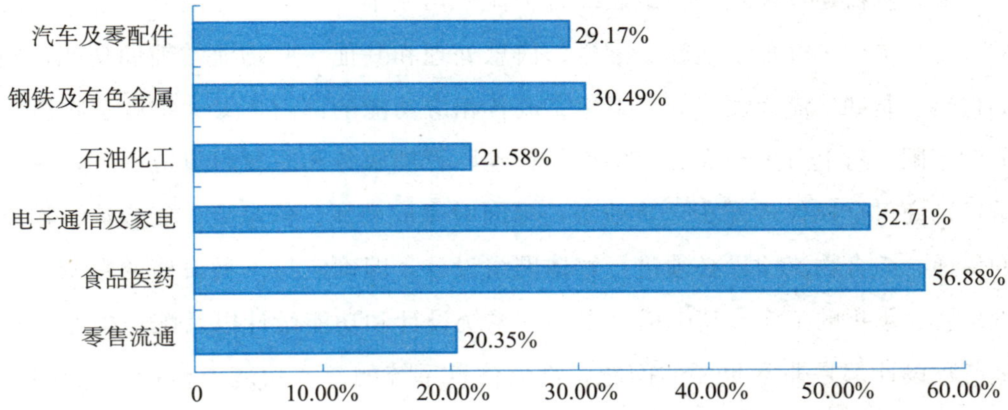

图 2－4　运用传统外包型物流运作模式的行业对比

2. 战略联盟型物流运作模式

战略联盟型物流运作模式是指运输、仓储、信息经营者等以契约形式结成战略联盟，内部信息共享，相互间协作，形成第三方物流网络系统，联盟可包括多家同地和异地的各类运输企业、场站、仓储经营者，理论上联盟规模越大，可获得的总体效益越大。在信息处理方面，可以共同租用信息经营商的信息平台，由信息经营商负责收集处理信息，也可连接联盟内部各成员的共享数据库（技术上已可实现），实现信息共享和信息沟通。这种模式比起第一种有两方面改善：首先系统中加入了信息平台，实现了信息共享和信息交流，各单项实体以信息为指导制订运营计划，在联盟内部优化资源。同时，信息平台可作为交易系统，完成产销双方的订单和对第三方物流服务的预订购买。其次，联盟内部各实体相互协作，某些票据联盟内部通用，可减少中间手续，提高效率，使得供应链衔接更顺畅。例如，联盟内部各种经营方式的运输企业进行合作，实现多式联运，一票到底，大大节约运输成本。在这种模式下，成员是合作伙伴关系，实行独立核算，彼此间服务租用，因此有时很难协调彼此的利益，在彼此利益不一致的情况下，要实现资源更大范围的优化就存在一定的局限。

3. 综合物流运作模式

综合物流运作模式是指组建综合物流公司或集团。综合物流公司集成物流的多种功能——仓储、运输、配送、信息处理和其他一些物流的辅助功能，例如包装、装卸、流通加工等，组建完成各相应功能的部门，大大扩展了物流服务的范围，对上游生产商可提供产品代理、管理服务和原材料供应服务，对下游经销商可全权代理配货送货业务，可同时完成商流、信息流、资金流、物流的传递。综合物流项目必须进行整体网络设计，即确定每一种设施的数量、地理位置、承担的工作。其中信息中心的系统设计和功能设计以及配送中心的选址流程设计都是非常重要的问题。物流信息系统的基本功能应包括信息采集、信息处理、调控和管理，物流系统的信息交换目前主要利用电子数据交换(EDI)、无线电和 Internet 技术，Internet 因为其成本较低（相对于 EDI 技术）、信息量大，已成为物流信息平台的发展趋势。配送中心是综合物流的体现，地位非常重要，它衔接物流运输、仓储等各环节。综合物流运作模式是第三方物流发展的趋势，组建方式有多种渠道，目前我国正处在探索阶段，但一定要注意避免重复建设、资源浪费问题。

第三方物流有自身的优劣，未必适用于所有企业，企业要根据自身情况而定，其在电商物流中的优劣势如图 2-5 所示。

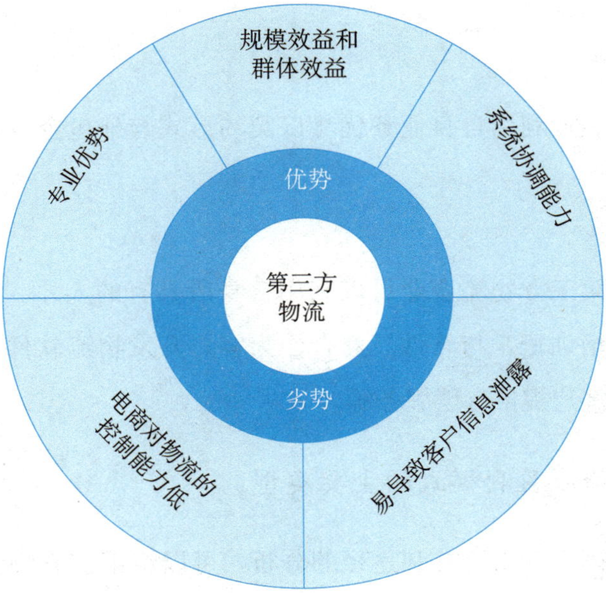

图 2-5 第三方物流在电商物流中的优劣势

二、第三方物流的盈利模式

1. 第三方物流盈利的途径

(1) 运输仓储收入。

我国的运输和仓储费用占物流总费用的 80%以上，第三方物流企业应该继续争取传统多式联运下的这两种收入。

(2) 物流增值服务收入。

以跨国公司为代表的工商企业倾向于将与产品相关的贴标签、装配、改包装等简单的流通加工增值服务委托给专业的第三方物流企业，第三方物流企业可根据产品特点提供适当的增值服务。

(3) 管理模式输出收入。

充分利用国有大型企业庞大且分散的闲置物流资源，输出自己成熟的管理模式，提高资源利用率，从而实现双赢。

(4) 整体方案策划收入。

强化自身物流方案的整体策划能力，为目标客户量身定做整套物流服务和整套解决方案。

（5）契约收入。

第三方物流企业利用自身业务优势以契约形式与外包企业取得物流业务的收入。

（6）其他收入。

一些大型的第三方物流企业可以利用自身所具有的人才、经验、信息技术等优势承办物流培训班，与软件厂商合作为客户开发物流软件，或者利用先进的信息系统，为客户提供有偿服务等。

2. 第三方物流盈利模式的主要类型

通过对以上第三方物流盈利途径的分析，可以将第三方物流企业的盈利模式概括为以下四种。

（1）仓储运输服务模式。

仓储运输服务模式是物流最主要的盈利模式，空间仓储物流服务也是第三方仓储物流企业最原始、最初级的盈利模式。这种模式比较简单，其主要业务就是为客户提供单纯的存储服务以及最简单的装卸服务，在 20 世纪八九十年代较为普遍。尽管这种模式的业务简单，对经营管理和人力资源的要求较低，但是第三方物流的供应能力差，政策、法制不配套使得企业的经营效率不高。

（2）物流服务延伸模式。

所谓物流服务延伸模式，就是指在现有物流服务的基础上，通过向两端延伸，为客户提供更加完善和全面的物流服务，从而提高物流服务的附加价值，满足客户高层次物流需求的经营模式。如仓储企业利用掌握的货源，通过购买部分车辆或者整合社会车辆从事配送服务；运输企业在完成货物的线路运输之后，根据客户的要求从事货物的临时保管和配送。这种模式不仅可以拓展物流服务的范围，而且可以达到提高物流服务层次的目的。

（3）定制物流服务模式。

定制物流服务是指将物流服务具体到外包过程中的某个客户，涉及储存、运输、加工、包装、配送、咨询等全部业务，甚至还包括订单管理、库存管理、供应商协调等在内的其他服务。现代物流服务强调与客户建立战略协作伙伴关系，采用定制服务模式不仅能保证物流企业有稳定的业务，提高产品的附加价值，而且能节省企业的运作成本，增加利润。

（4）管理输出模式。

管理输出模式是指物流企业在拓展国内企业市场时，强调自己为客户企业提供物流管理与运作的技术指导，通过运用现代技术手段和专业化的经营管理方式，在拥有丰富的目标行业经验和对客户需求深度理解的基础上，在某一行业领域内，提供全程或部分专业化物流管理服务的模式。这种经营模式的主要特点是充分利用大型企业庞大且分散的闲置物流资源，输出自己成熟的管理模式，提高资源利用率，从而实现双赢。

任务三　第三方物流常用设备

任务描述

小明对第三方物流的运作模式和盈利模式都有了一定的了解，但是他想更加深入地了解第三方物流平时的运作，比如第三方物流常用的设备有哪些。

任务目标

1. 了解第三方物流常用的设备；
2. 理解这些设备的用途。

任务实施

一、货架

在仓库设备中，货架是指专门用于存放成件物品的保管设备。货架在物流及仓库中占有非常重要的地位，随着现代工业的迅猛发展，物流量大幅度增加，为实现仓库的现代化管理，改善仓库的功能，货架不仅需要的数量多，而且还要具有多种功能，并能实现机械化、自动化。各地的仓库为了适应新的形势，提高自己的竞争能力，有的对货架进行了改装，有的置办了新货架。货架具体分为以下四种类型：立体仓库货架、搁板货架、流力货架和托盘流力货架。其中，搁板货架分箱拣和零拣两种类型；流力货架用于零拣；托盘流力货架用于箱拣。具体如图 2-6 至图 2-10 所示。

图 2-6 立体仓库货架

图 2-7 搁板货架（箱拣）

图 2-8 搁板货架（零拣）

图 2-9 流力货架（零拣）

图 2-10 托盘流力货架（箱拣）

二、自动化立体仓库系统

自动化立体仓库（AS/RS）是由立体货架、有轨巷道堆垛机、出入库托盘输送机系统、尺寸检测条码阅读系统、通信系统、自动控制系统、计算机监控系统、计算机管理系统以及电线电缆桥架配电柜、托盘、调节平台、钢结构平台等辅助设备组成的复杂的自动化系统。自动化立体仓库系统运用一流的集成化物流理念，采用先进的控制、总线、通信和信息技术，通过以上设备的协调动作，按照用户的需要完成指定货物的自动有序、快速准确、高效的入库出库作业。

1. LED 信息显示屏

LED 信息显示屏是工作人员进行分拣的根本依据，它显示托盘号、货品批号、剩余数量、批次、拣选数量、补货数量、货物名称这几项内容，如图 2－11 所示。

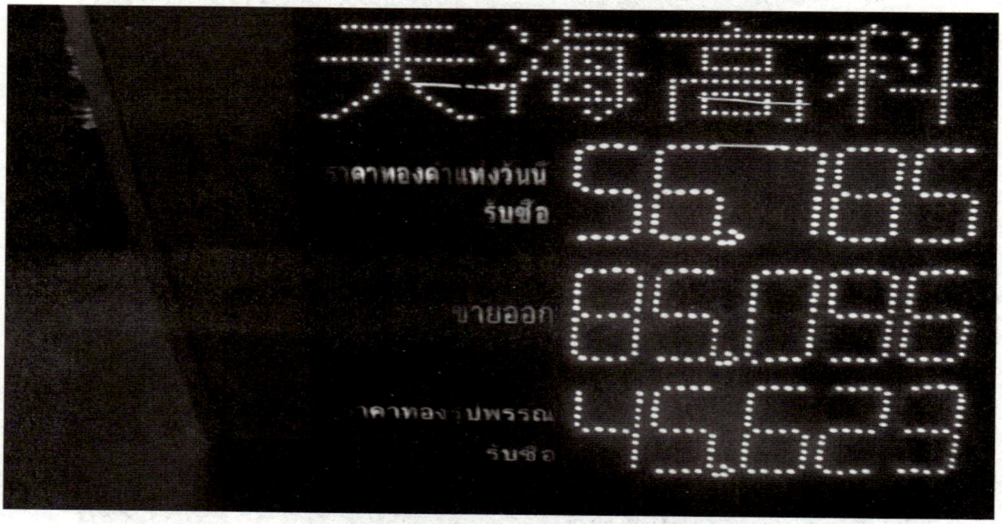

图 2－11　LED 信息显示屏

2. 堆垛机

堆垛机是指用货叉或串杆攫取、搬运和堆垛或从高层货架上存取单元货物的专用起重机。它是一种仓储设备，分为桥式堆垛起重机和巷道式堆垛起重机（又称巷道式起重机）两种。堆垛机如图 2－12 所示。

图 2-12　堆垛机

3. 出入库输送机

出入库输送机可以自由伸缩，随时调整长度，可双向运转输送物料，可与其他输送设备和物料分拣系统配合使用，实现物料出入库或车辆装卸的自动化生产，在各行业中均得到广泛的应用，如图 2-13 所示。

图 2-13　出入库输送机

三、自动输送和分拣系统

1. 分拣机

货物经由各种方式，如人工搬运、机械搬运、自动化搬运等被送入分拣系统，经合流后汇集到一条输送机上。货物接受激光扫描器对其条码的扫描，或通过其他自动识别的方式，如光学文字读取、声音识别输入等方式，将分拣信息输入计算机中央处理器中。计算机通过将所获得的货物信息与预先设定的信息进行比较，将不同的被拣货物送到特定的分拣道口位置上，完成货物的分拣工作。分拣道口可暂时存放未被取走的货物。当分拣道口满载时，由光电控制，使分拣货物不再进入分拣道口。分拣机如图 2-14 所示。

图 2-14　分拣机

2. 输送机

输送机是在一定的线路上连续输送物料的物料搬运机械，又称连续输送机。输送机可进行水平、倾斜和垂直输送，也可组成空间输送线路，输送线路一般是固定的。输送机输送能力大，运距长，还可在输送过程中同时完成若干工艺操作，所以应用十分广泛。输送机如图 2-15 所示。

图 2-15　输送机

四、外围设备

物流外围设备包括液压机、叉车、高度调节板、滑升门、RFID 读写器、托盘等设备，是各种作业活动必不可少的辅助设备。具体如图 2－16 至图 2－21 所示。

图 2－16　液压机

图 2－17　叉车

图 2－18　高度调节板

图 2-19　滑升门

图 2-20　RFID 读写器

图 2-21　托盘

五、空调及温湿度控制系统

该系统通过实时检测仓库的温湿度，并根据预先设定的数据实时控制加湿器、除湿器、空调器等设备的运行，确保仓库有合适的温度和湿度。该系统同时还具有在线修改温湿度控制上下限，温湿度显示和报警功能，并可向主控室传送数据。主要设备如图 2－22、图 2－23 所示。

图 2－22　空调机组

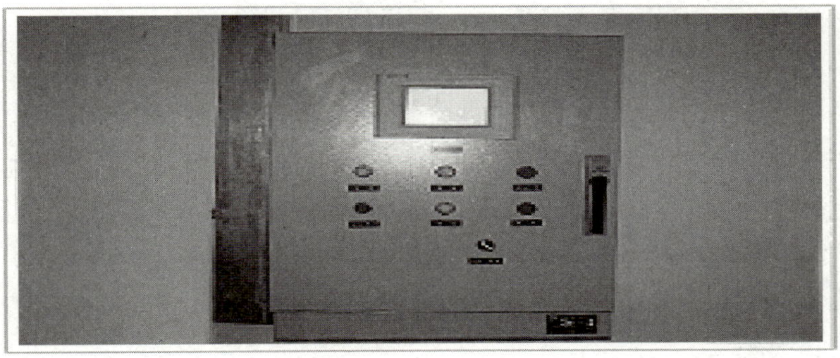

图 2－23　温湿度显示仪

六、自动消防系统

自动消防系统是指能对火灾进行自动识别并启动相应的灭火装置进行灭火的消防系统。这一系统在现代建筑物中得到广泛应用，特别是在仓库等重点消防场所必不可少。常见的设备包括自动喷淋系统、水幕、消防报警系统、火灾显示仪等，如图 2－24 至图 2－27 所示。

图 2-24　自动喷淋系统

图 2-25　水幕

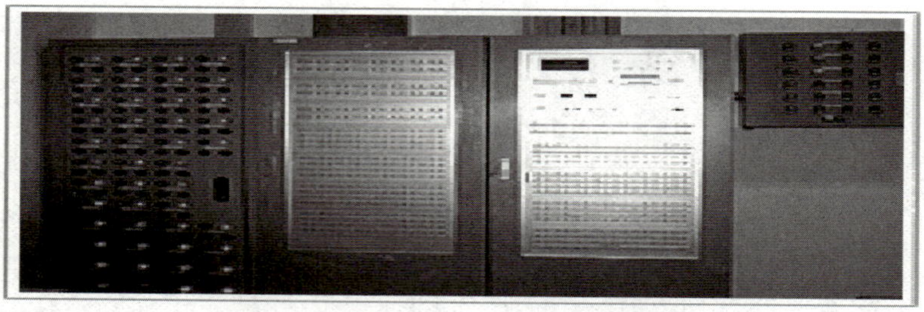

图 2-26　消防报警系统

图 2-27　火灾显示仪

七、安防系统

安防系统（Security & Protection System，SPS）是指以维护社会公共安全为目的，运用安全防范产品和其他相关产品的入侵报警系统、视频安防监控系统、出入口控制系统、防爆安全检查系统等，或是指以这些系统为子系统组合或集成的电子系统或网络。图 2－28 所示为门禁，图 2－29 所示为 24 小时录像监控系统。

图 2－28　门禁

图 2－29　24 小时录像监控系统

任务四 顺丰公司相关业务介绍

任务描述

小明的好朋友小强很幸运地被顺丰公司录用了，他感到非常高兴，希望能尽快熟悉各项业务。

任务目标

1. 了解顺丰公司的组织结构；
2. 了解顺丰公司的产品与服务。

任务实施

一、顺丰公司概况

顺丰速运（集团）有限公司（以下简称顺丰）于1993年成立，总部设在深圳，是一家主要经营国内、国际快递及相关业务的服务性企业。

自成立以来，顺丰始终专注于服务质量的提升，不断满足市场的需求，在国内建立了完备的信息采集、市场开发、物流配送、快件收派等业务机构，建立了服务客户的全国性网络，同时，也积极拓展国际件服务，目前已开通韩国、新加坡、马来西亚及日本等国家和地区的业务。

长期以来，顺丰不断投入资金加强公司的基础建设，积极研发和引进具有高科技含量的信息技术与设备，不断提升作业自动化水平，实现了对快件流转全过程、全环节的信息监控、跟踪、查询及资源调度工作，促进了快递网络的不断优化，确保了服务质量的稳步提升，奠定了业内客户服务满意度的领先地位。

二、顺丰公司组织结构

顺丰公司根据自己的业务发展需要形成了比较严密科学的组织结构，如图 2－30 所示。

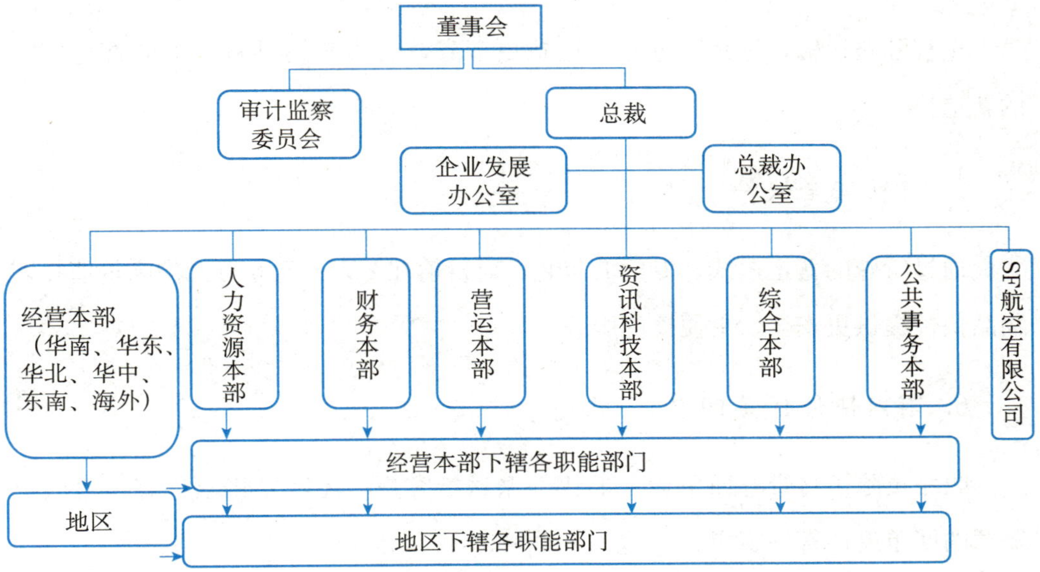

图 2－30　顺丰公司组织结构

三、顺丰公司的产品与服务

1. 标准快递

标准快递是指采用标准定价、标准操作流程，各环节均以最快速度进行发运、中转、派送，并对客户进行相对标准承诺的快递产品。

2. 即日到

即日到是指在当日规定的截单时间前确认的收件，通过最快捷的运输方式，实现当日送达的门到门快递服务。

3. 普货

普货是指重物运送服务，价格较优惠，送达时间略慢于标准快递产品。

4. 陆运通

全程陆路运输，远距离递送，运费更节省，为客户提供基于不同寄递需求的新选择。

5. 特殊安全快件

通过特殊的营运模式、专门的包装，对价值在 2 万元至 5 万元的高价值托寄物品快件提供更安全、更便捷的服务。

6. 国内快件代签回单

收派员除了将带有回单业务的快件派送给客户，还需要将收件客户签收或盖章的回单返还寄件客户。

7. 保价服务

在快递服务过程中，寄件人可对托寄物内容申明价值并缴纳相应的费用，当货物在运输过程中发生损毁或遗失时，顺丰公司将按托寄物的声明价值和损失比例赔偿，托寄物的声明价值高于实际价值的，按照实际价值赔偿。

8. 等通知派送

等通知派送是指快件到达目的地后暂不派送，待寄件客户通知派送后派件，是顺丰的增值服务之一。

9. MSG 签收通知

寄件时，在顺丰运单上填写手机号码并勾选“MSG”，快件成功签收后，公司通过快件签收短信主动将快件的派送签收信息发送到寄件人的手机。

10. 夜晚收件服务

夜晚收件服务是指在提供跨经济板块最快速度运输服务的基础上，为满足客户夜晚寄件需求而提供的增值服务。

11. 代收货款

代收货款是指按照寄件客户与收件客户达成的协议要求，为寄件客户提供快捷的货物专递，同时代寄件客户向收件客户收取货款的服务。

四、顺丰公司的核心价值观

顺丰公司的核心价值观可概括为“FIRST”，即诚信（Faith）、正直（Integrity）、责任（Responsibility）、服务（Service）、团队（Team）。具体可阐释为：首先是一个诚信正直的人；永远尊重人，信赖团队的力量；客户对我们来说是最重要的，奉献最好的服务；做事认真，勇于承担责任。

任务五 快递一般作业流程介绍

任务描述

小强对快递公司的基本业务有了一定的认识，但是需要更加深入地进行研究。

任务目标

1. 掌握快递公司的基本运营模式；

2. 掌握派件作业流程；

3. 掌握收件作业流程。

任务实施

一、快递公司的基本运营模式

顺丰、“四通一达”等快递公司的业务各有不同，但其运营模式大致相当。快递公司比较常见的业务运营模式如图 2-31 所示。

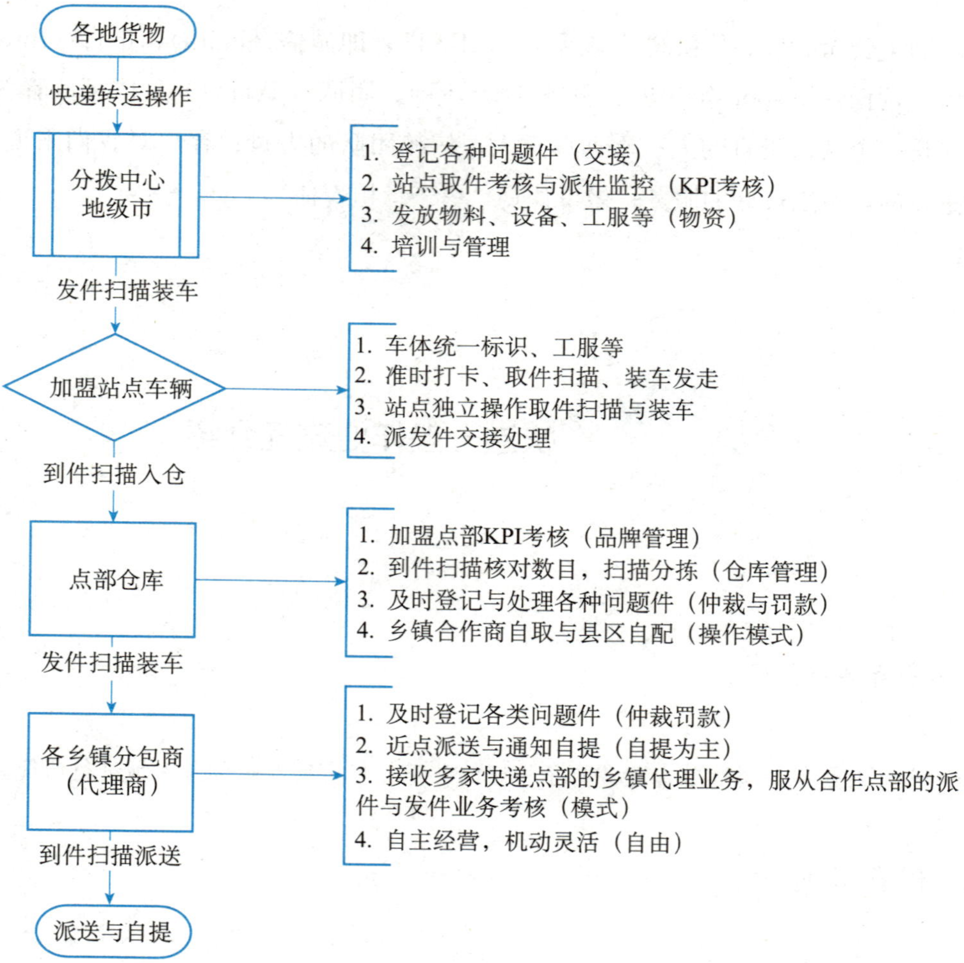

图 2-31　快递公司比较常见的业务运营模式

二、派件作业流程介绍

派件作业流程及说明如图 2－32 所示。

接件作业流程及说明 —接件→

1. 取件准备：将运输车辆准时进港停靠，准备好操作设备、单证等入库取派件
2. 快件交接：领取属于我司派送范围的快件，逐件扫描、检查快件
3. 逐件扫描：逐件扫描快件条码，当场确认所取派件数量，并签字交接
4. 检查快件：逐个检查快件，如有异常将异常件交回处理人员
5. 总包封装：将所有快件装入指定的包袋并封口，及时填写“包牌”信息与件数
6. 总包堆码：将总包按一定要求堆位、码放，待出库
7. 交接交运：双方核对无误、无异常件后，签字移交单据，总包装车离港

仓库作业流程及说明 —分拣→

1. 车辆进港：快件运输车辆准确停靠，并核对车量编号，查看押运人员身份
2. 卸出总包：把总包快件从运输车厢内卸出，注意安全，按序码放
3. 验收总包：查点总包数目，验视总包规格，将异常总包交主管处理
4. 拆解总包：解开总包，倒出包内快件，检查总包空袋内有无漏件
5. 入库扫描：派件逐件扫描条码入库，进行系统入库登记管理，同时核对入库总量
6. 快件分拣：按快件流向对快件进行分类、分拣，核查派件是否有异常
7. 出库扫描：派件逐件出库扫描，进行系统入库登记管理，同时核对各乡镇件数
8. 总包封装：将各乡镇快件装入指定的包袋并封口，及时填写“包牌”信息
9. 总包堆码：将总包按一定要求堆位、码放，等待车辆运输出库
10. 交接交运：将各乡镇总包装入指定车，核对无误后签字，获取快件出库单据后离港

派送站作业流程及说明 —派件→

1. 车辆进港：快件运输车辆准确停靠，并核对车辆编号，查看押运人员身份
2. 快件交接：接收快件，拆包验视，依据单据核查快件数量，确认完毕后入库管理
3. 卸出总包：把总包快件从运输车厢内卸出，注意安全，按序码放
4. 验收总包：查点总包数目，验视总包规格，对异常总包电话联系物流主管处理
5. 拆解总包：解开总包，倒出包内快件，检查总包空袋内有无漏件
6. 快件入库：双方确认无误后，入库管理（保管快件，等待客户提货）
7. 检查快件：逐个检查快件，如有异常将异常情况及时反馈给快递客服或物流主管
8. 通知自提：（客服通知）电话及短信通知客户取货地点，（站场员）负责签收管理
9. 核实身份：查看客户或客户委托签收人的有效身份证件
10. 提示客户检查：将快件交给客户进行检查
11. 确认付款方式：确认到付快件的具体付款方式
12. 收取资费及代收款：向客户收取到付资费及其他代收款
13. 指导客户签收：指导客户在客户签字栏签全名
14. 信息反馈：客服定时电话联系，及时告知已派送快件的运单、无法派送的快件的数量与原因，核对与派送时领取的快件数量是否一致
15. 交款：将当天收取的款项、签收单据以及退件等通过司机或队长次日带回到快递仓库

图 2－32　派件作业流程及说明

三、收件作业流程介绍

收件作业流程及说明如图 2－33 所示。

派送站作业流程及说明—收件→

1. 收件准备：准备好需要使用的操作设备、单证等
2. 上门收件：接收客户的寄件信息，检查客户的寄件信息，在约定的时间内到客户指定地点收取快件
3. 定点收件：客户上门发货，需要保持联系，及时接待客户，为客户发件提供服务
4. 验视快件：检查快件的重量和规格是否符合规定
5. 指导或检查运单：正确指导客户完整填写运单内容并进行检查
6. 告知阅读运单条款：告知客户阅读运单背书条款
7. 包装快件：使用规范包装材料包装快件（可以简单包装）
8. 称重计费：称重，计算快件资费，并填写在运单相应位置
9. 收取资费：确认快件资费支付方和支付方式
10. 指导客户签字：指导客户在客户签字栏签全名
11. 粘贴运单与标识：按照粘贴规范，将运单等粘贴在快件相关位置
12. 准备交件：逐票核查快件重量以及每票快件的应交款项是否一致、货物包装运输的安全性等，保证服务质量
13. 总包封装：将所有快件装入指定的包袋并封口，及时填写“包牌”信息与件数
14. 总包堆码：将总包按一定要求堆位、码放，待出库
15. 快件运回与交款：将当天收取快件的应交款项连同相应快件在规定时间内通过车辆或者队长运回收快递仓库，仓库负责逐票复查核实快件包装和运单内容，以及每票快件应收款项

↓

仓库作业流程及说明—分拣→

1. 车辆进港：快件运输车辆准确停靠，并核对车辆编号，查看押运人员身份
2. 快件交接：接收快件，拆包验视，依据面单内容，逐票复查核实快件实物以及每票对应的快件款项，确认完毕后入库管理
3. 卸出总包：把总包从运输车厢内卸出，注意安全，按序码放
4. 验收总包：查点总包数目，验视总包规格，将异常总包交主管处理
5. 拆解总包：解开总包，倒出包内快件，检查总包空袋内有无漏件
6. 验视快件：逐个检查快件，依据面单内容，逐票复查核实快件实物以及每票对应的快件款项
7. 检查面单：验视面单粘贴的规范性，正确粘贴面单
8. 包装快件：使用规范包装材料包装快件，逐票检查包装快件
9. 入库扫描：逐件入库扫描，进行系统入库登记管理，核对入库总量、金额
10. 快件分拣：按快件流向对快件进行分类、分拣，核查派件是否有异常
11. 出库扫描：逐件出库扫描，进行系统入库登记管理，核对快递公司交件件数
12. 总包封装：将各公司快件装入指定的包袋并封口，及时填写“包牌”信息
13. 总包堆码：将总包按一定要求堆位、码放，出库交件
14. 快件交件：将各个公司快件按照规定时间进行交件处理

↓

接件作业流程及说明—交件→

1. 交件准备：将运输车辆准时进港停靠，准备好操作设备、单证、发货快件
2. 快件交接：提交属于对应公司的快件，逐件扫描、检查快件
3. 卸出总包：把总包快件从运输车厢内卸出，注意安全，按序码放
4. 验收总包：查点总包数目，验视总包规格，将异常总包交主管处理
5. 拆解总包：解开总包，倒出包内快件，检查总包空袋内有无漏件
6. 逐件扫描：逐件扫描快件条码，当场确认所发快递量
7. 交件交单：复查快件包装和运单内容
8. 交款：发件的走件费为月度结算，应每周定时进行各项费用核对（包括遗失、破损、延误罚款费用），月初及时清算所有费用

图 2－33 收件作业流程及说明

任务六　圆通速递公司的淘宝订单操作流程

任务描述

小明的另外一个朋友小刚很幸运地被圆通公司录取了，刚好被分配到一个专门对接淘宝订单的职位，小刚需要认真地学习相关操作流程。

任务目标

1. 掌握网点订单操作流程；
2. 掌握总部订单系统操作流程。

任务实施

一、网点订单操作流程介绍

1. 系统登录

在用户登录界面输入用户名和密码，登录系统，如图 2 - 34 所示。

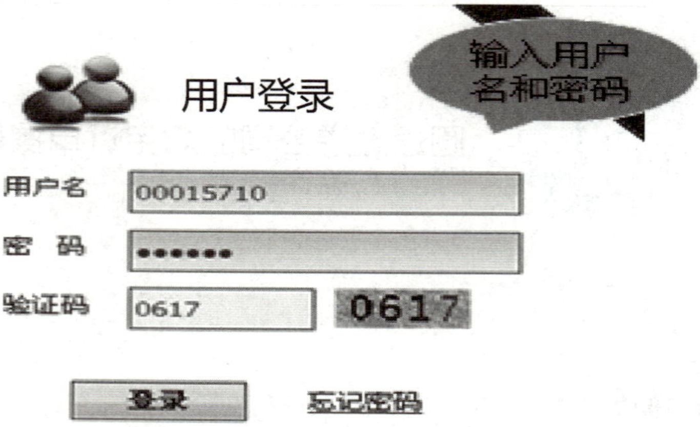

图 2-34 系统登录

2. 订单管理首页

登录系统后，进入订单管理首页，如图 2-35 所示。

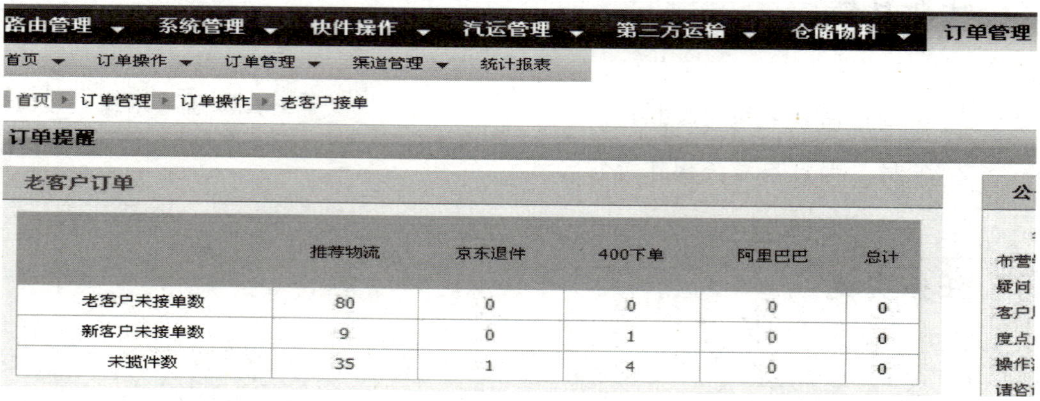

图 2-35 订单管理首页

3. 网点接单操作

公司运营网点接到客户订单后，就会进入接单系统进行记录和业务员揽件分配。如图 2-36 所示。

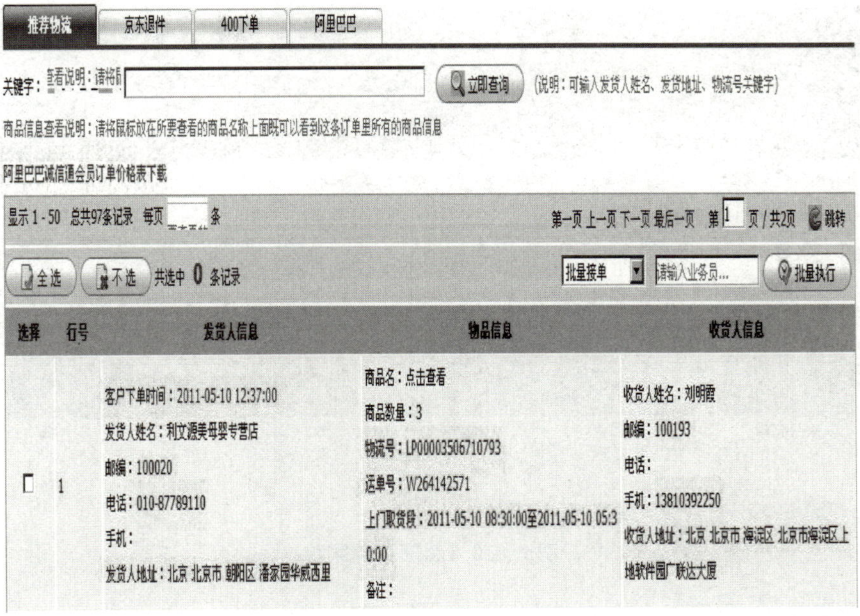

图 2-36　网点接单

4. 网点揽件操作

业务员揽件后，要及时利用电脑或手持终端进行订单信息的录入，确认揽件成功，进行批量操作。如图 2-37 所示。

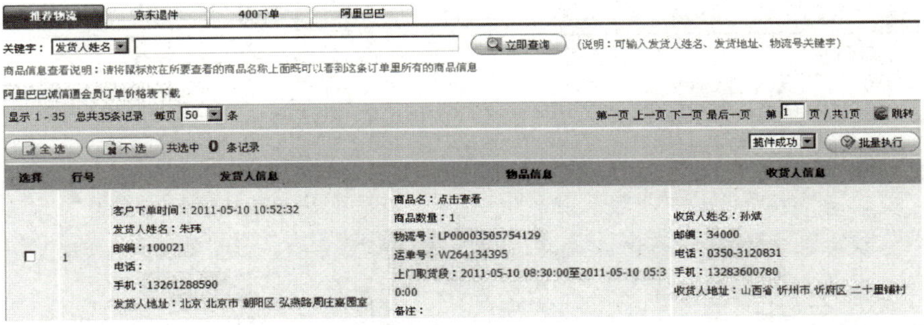

图 2-37　网点揽件

5. 总部订单跟踪

在系统内单击“订单管理”，可对各类订单进行查询、跟踪，如图 2-38 所示。

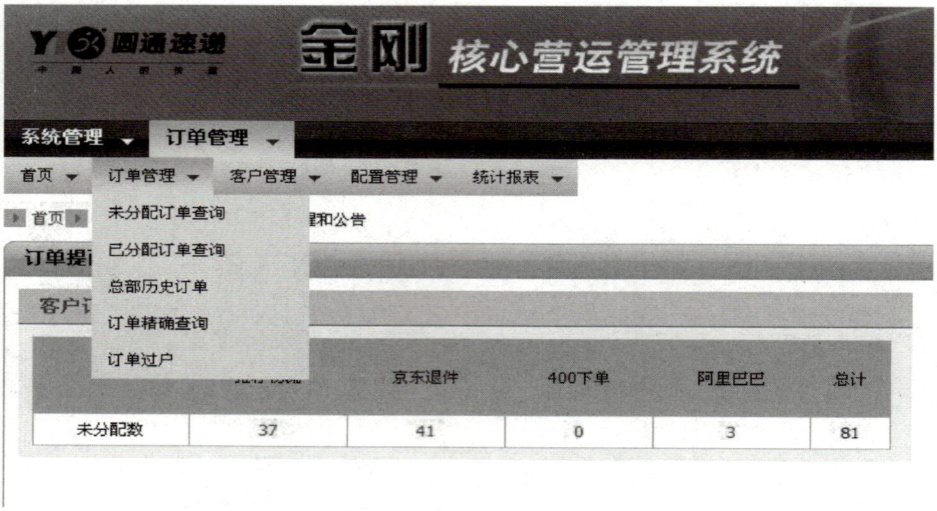

图 2-38　总部订单跟踪

6. 未分配订单操作

从系统查询没有被分配到各网点的订单，然后人工分配到正确网点。如图 2-39 所示。

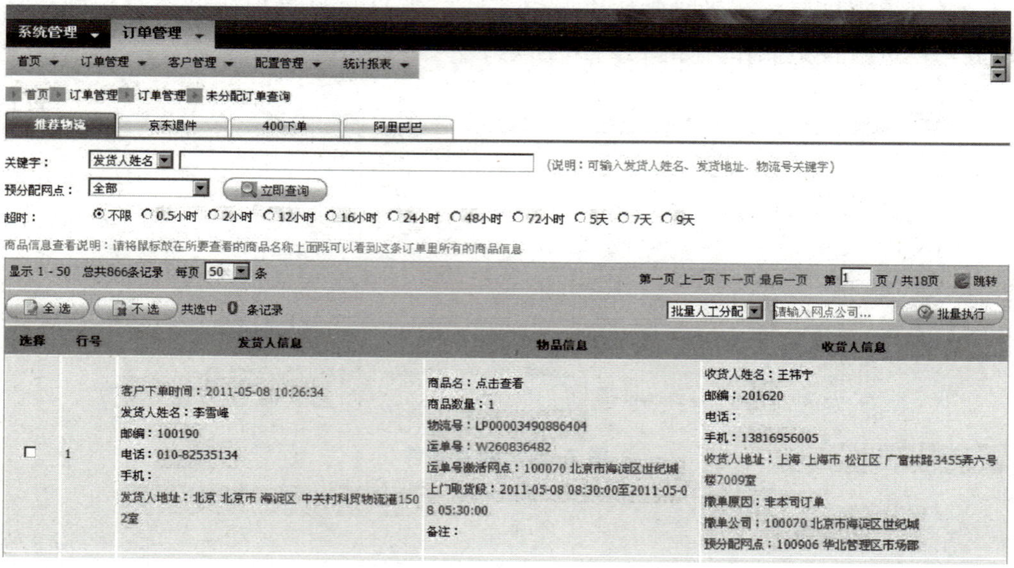

图 2-39　未分配订单操作

二、接单揽件操作技巧及注意事项

1. 接单时的注意事项

（1）查看客户的地址是否属于服务范围；

（2）查看发件客户的商品名称，选择承运方式；

（3）操作时避免接错单；

（4）查看客户选择预约上门取件的时间。

2. 业务员揽件的注意事项

（1）严格执行网上统一公布价；

（2）根据不同产品的性能，验视包装是否符合运输规定；

（3）包裹100%验视。

3. 客服揽收信息提交操作

需要和取件业务员确认快件是否取回才能进行相应的操作（禁止快件未取回做揽收成功）：

（1）快件取回做揽收成功；

（2）快件未取回做揽收失败。

注：根据运单号做揽收只是一种方法但不能作为主要依据。

三、赔付规定及责任

1. 淘宝快件投诉分类

（1）A类投诉（处理时限三天）包括：

1）多收费；

2）超区件；

3）延误取件；

4）延误派送；

5）服务态度差。

（2）B类投诉（处理时限五天）包括：

1）破损；

2）损毁；

3）遗失；

4）内件不符。

2. 淘宝A类投诉赔偿规定

（1）延误取件、延误派送：赔偿客户10元（以客户投诉为准）；

（2）多收费：退还客户多收费用，另赔偿客户10元（及时到位）；

（3）超区件：根据客户要求转发或退回快件（费用由揽件公司承担）；

（4）服务态度差：向客户道歉并赔偿客户100元。

3. 淘宝B类投诉赔偿规定

（1）无保价物品的赔偿规定。

破损件：按照实际损失价值赔偿，最高不超过300元。如交易金额低于实际运费的3倍，则按照申报价值赔偿。

损毁、遗失件：按实际损毁和丢失物品的价值进行赔偿。最高赔偿金额不超过1 000元。（配合总部及时赔付到位。）

（2）保价物品的赔偿规定。

破损件：视物品破损程度的价值决定赔付金额。

损毁、遗失件：已保价物品损毁或丢失，按实际损毁和丢失物品的价值进行赔偿。最高不超过投保金额。保价最高限额5 000元。

（3）因快件内物与实物不符，退回费需要发件人承担。拒收的快件，在五天内处理好。

4. 理赔责任界定

（1）揽件公司需注意的问题：

1）收件时先验视货物的真实性与完整性（特别是贵重物品）；

2）发出时一定加盖支付宝的印章。

（2）派件公司需注意的问题：

1）凡有支付宝印章的快件需交本人签收，如本人不在，需客户提供书面的委托签收证明；

2）如发生遗失可到总部查询客户的成交金额。

四、案例分析

1. A 类投诉案例分析：延误取件

投诉内容：5 月 16 号下午下的订单，一直到今天 20 号了都没来取货，其间只有 18 号上午打过一个电话，说是下午 4 点后来取货，可是取货的人呢？难道快递公司只有一个人干活？延误了我的发货，谁来负责？

解析：

（1）客户在线下单后，客服人员未及时联系客户预约取件时间。

（2）如果已经联系客户约定了取件时间，一定要安排业务员准时上门取件。

（3）如果实在无法达到客户要求，要向客户解释说明，并选择相应原因做订单撤销处理，以便客户可以选择其他快递公司。

2. B 类投诉案例分析

投诉内容：望远镜送的时候完好无损，包得很严实！没想到送到买家那儿，两个望远镜镜头都断了！里面都是断碎粒（如图 2－40 所示），运的时候下手也太狠了吧！

图 2－40　客户提供的凭证

解析：

(1) 查询此笔交易是否是在线订单；

(2) 查找底单是否是本人签收，面单上有没有加盖支付宝印章；

(3) 检查外包装是否完好，是否符合赔偿条件；

(4) 按照淘宝公布的标准进行理赔（注：提供物流号至淘宝项目组查询交易金额）。

五、淘宝对物流公司的服务质量考核体系

1. 服务质量考核体系

考核内容分为业务增长、服务质量、服务范围和自主创新 4 个部分，采取百分制进行打分。

(1) 业务增长：下单量月度环比增量，下单量在总量中的占比；

(2) 服务质量：投诉率和二次投诉率；

(3) 服务范围：开通的网点总量；

(4) 自主创新：特色服务，如时效件、手机短信通知等。

2. 客户网上下单对公司的好处

(1) 可以避免快件发生遗失时客户恶意敲诈赔偿金额；

(2) 有助于挖掘潜在客户；

(3) 具有品牌宣传作用。

知识小结

1. 第三方物流模式的含义。
2. 第三方物流企业的基本组织结构。
3. 第三方物流的运作模式及盈利模式。
4. 第三方物流在电商物流中的优劣势。
5. 第三方物流企业常用的设备。
6. 快递公司的淘宝订单操作流程。

练习提升

简答题

1. 第三方物流企业的基本组织结构是怎样的?
2. 第三方物流的盈利模式有哪些?
3. 第三方物流常用设备有哪些?
4. 请描述快递公司的淘宝订单操作流程。

知识拓展

一、海尔物流：一流三网创造新价值

海尔集团为适应新经济时代的需要，自 1998 年开始进行流程再造，改原来对上级负责任的职能管理为对市场负责任的流程管理，成立了物流推进本部、商流推进本部与资金流推进本部，在各流程的内部实施了市场链咬合的管理模式，注重整个流程最优与同步工程，消除企业内部与外部环节的重复、无效的劳动，让资源在每一个流动过程中都实现增值。这种改革使海尔实现了快速获取订单与完成订单的目标。

海尔物流以订单信息流为中心，以全球供应链资源网、全球配送网络、计算机网络为基础，三网同步流动，为订单信息流的增值提供支持。

海尔物流推进本部下设三个中心，分别为采购中心、JIT 订单执行中心、配送中心。其中，采购中心负责供应商资源的管理、采购成本的降低与战略物资的采购；JIT 订单执行中心负责按订单将物资入库，并准时配送至工位；配送中心负责将成品配送至最终用户。

海尔物流“一流三网”的同步模式：

1. 为订单而采购，消灭库存

海尔物流每年的采购额达到数百亿元，所有的物资都按订单采购。在海尔，仓库不再是储存物资的水库，而是一条流动的河，河中流动的是按单采购来的生产必需的物资，从根本上消除了呆滞物资，消灭了库存。

2. 全球供应链资源网的整合使海尔获得了快速满足用户需求的能力

海尔物流通过整合内部资源、优化外部资源，先后吸引了通用电气、爱默

生、巴斯夫（BASF）、陶氏化学（DOW）等世界500强企业成为海尔的供应商，实施并行工程，使一批国际化大公司以其高科技和新技术参与到海尔产品的前端设计中，保证了海尔产品技术的领先性，加快了开发速度。另外，建成开发区和胶州国际化工业园，爱默生等国际化供应商在此投资建厂，不但将最先进的技术带给海尔，也加快了订单的响应速度。

3. JIT速度实现同步流程

借助先进的物流技术和计算机信息管理的应用，海尔物流通过3个JIT（JIT采购、JIT配送和JIT分拨物流）来实现同步流程。

4. 计算机连接新经济

2000年10月，B2B电子采购平台投入使用，在该平台上，供应商能够接收订单、查询库存与配额、招标竞标、网上支付、信息交流，真正实现了与供应商的公平、互动与双赢。

海尔物流的目标是成为世界一流的物流增值服务提供商。目前除集团内业务外，海尔物流已经开始为华普、长城电脑、郎酒、雀巢、乐百氏等提供不同要求的高质量物流增值服务。海尔物流希望利用自己高品质的服务为客户建立起高效的供应链体系。

思考

1. 海尔物流有什么特点？
2. 海尔物流“一流之网”的模式有什么特征？

二、烟台山物流园区发展规划

1. 选址

物流园区建在烟台经济技术开发区西南角同三高速公路与206国道交叉口。

2. 规模

（1）物流园区规划占地：100 000平方米。

（2）物流园区建设周期：

至2005年征地43 000平方米（现海通工业园范围）；

至2010年征地57 000平方米（现舒家村以西），东起海通工业园，西至同三。

(3) 物流园区用地划分（按入驻企业性质）：

第三方物流企业用地、物流软件开发企业用地、物流咨询培训企业用地、物流设备生产企业用地共四类。

物流园区用地比例：4∶2∶2∶2。即第三方物流企业用地 40 000 平方米，物流软件开发企业用地 20 000 平方米，物流咨询培训企业用地 20 000 平方米，物流设备生产企业用地 20 000 平方米。

物流园区基础设施用地：仓库用地、停车场用地、集装箱堆场用地、道路用地、绿化用地和办公用地共六类。

3. 服务范围

物流园区立足于经济技术开发区、保税加工区以及相邻的高新技术工业园区等，辐射东南亚。

4. 中、远期目标

至 2005 年通过招商引资使园区入驻率达到规划面积的 40%以上。

至 2010 年发展为大型社会化物流服务和国际商贸后勤基地，为烟台经济发展提供强有力的保证，带动烟台现代物流产业的发展。

5. 总体定位

物流园区是烟台物流产业孵化器。物流产业孵化器有两方面含义：一是指进一步发挥物流产业的主观能动性，通过物流园区建设拉动其他产业的发展，进而起到培育物流市场的作用，长此以往形成良性循环（辅助原有的优惠政策，通过物流设施的完善，吸引生产、流通企业入驻开发区，即拉动其他产业发展；通过其他产业的发展拉动物流需求，即培育物流市场）。二是指物流园区通过吸引第三方物流企业、物流设备生产企业、物流软件开发企业、物流咨询服务企业、物流金融服务企业入驻，相互促进，支持彼此的发展。

6. 核心功能

(1) 货物集散功能。接收通过各种运输方式到达的货物，并进行分拣、储存，将从本市发出的货物进行集中，通过直接换装（Cross-Docking）方式向外发运。

(2) 货物中转功能。结合烟台中转物流需求大的特点，物流园将充分发挥商品中转中心的作用。一方面物流园区可以连接各种运输方式，实现多式联运，为进出口货物、国内跨海运输提供便利条件，如将集装箱海运与铁路或公路运输方式相结合；另一方面物流园区也将起到衔接干线运输与支线配送的作用。

(3) 配送功能。物流园区向配送中心、配载中心或区域物流节点实施日常配送，并向工商企业提供配送服务。

(4) 流通加工功能。其包括商品的包装整理、加固、换装、改装、条形码印制等。通过流通加工，提高物流对象的附加价值。

(5) 口岸功能。可设置海关、卫检、动植物检疫检验机构，为以烟台为生产、加工基地或者最终销售市场的制造商、分销商提供储存、保管、运输、加工、货代等服务。

(6) 商品检验功能。商品检验与养护、商品检疫等。

(7) 物流信息服务功能。建设物流公共信息平台、完善物流信息网络建设，通过信息系统完成物流状态查询、物流过程跟踪、物流要素信息记录与分析、物流客户关系管理、物流决策支持，以及方便报关、结算、利税等单据处理，提高工作准确性以及工作效率，简化手续。

(8) 物流咨询与培训功能。物流系统规划与设计、物流培训、物流项目咨询等。

(9) 商品展示的商流功能。物流园区通过设立商品展示厅提供贸易机会。

(10) 电子商务的辅助功能。物流园区可以利用丰富的仓储资源和专业的配送服务，开展烟台市电子商务 B2C 或 B2B 的试点工作。

7. 设施

物流园区内部规划和建设完善的道路、桥梁、站场网络，与高速公路、城市环路、国道主干线、铁路、机场等要有方便的接口；按照规划面积的 15%规划道路；设计和安装明确的交通标志；必须铺设完善的宽带电信网络；按照规划面积的 20%规划绿地；给水、排水、电力、供热、燃气、环保、防灾、安全保卫等网络设施一次总体规划，统一施工。

物流园区建设轻钢结构仓库、普通平房库、露天仓库、集装箱堆场、停车场、冷藏库、冷冻库、危险品仓库等物流基础设施；建设完善的辅助及配套设施，如停车场，加油、洗车、汽车修理以及生活、办公、商品展示等设施，同时设立邮政、快递、银行、保险、税务、质检等的营业机构。

物流园区使用自动化的装卸、搬运、传送和分拣设备，以及标准托盘、高价立体仓库、巷道堆垛机、计算机控制系统、数字识别系统、全球定位系统、地理信息系统等，要建设成工业化、数字化的物流园区。

物流园区建立先进的指挥调度与监控系统和公共物流信息网络平台，建立物流资源网，设立烟台物流运价指数，建立物流资源招投标与拍卖系统。

从物流国际化、物流高级化发展的要求分析，各类货运枢纽站场属于典型的区域物流设施。引入物流高级化的概念，货运枢纽站场经营的传统观念、技术基础与经营方式将随之发生变革。

思考

1. 该物流园区发展规划的主要特点是什么？
2. 物流园区建设应突出哪些主要功能？
3. 你认为应采取哪些措施进行物流园区建设？

情景三

网店+实体连锁店物流模式

学习背景

电子商务作为商贸领域中一种先进的交易方式，对传统零售业的观念和行为方式产生了巨大的冲击，但它并非万能的，也有自身的缺陷。因此，要有效地把以电子商务为代表的“网店”和以传统零售业为代表的“实体连锁店”结合起来，把电子商务真正融入传统零售业中，实现“网店＋实体连锁店”的商业模式转型变得十分迫切。这种模式既能满足消费者的线下体验，又能使消费者享受足不出户就能在线上下单的便捷，在促进电子商务发展的同时还能带动这种类型的物流的发展。

其中，网店＋实体连锁店模式最为典型的代表要数苏宁电器（苏宁易购）和国美电器（国美在线）。

学习目标

知识目标

1. 掌握网店＋实体连锁店物流模式的含义；
2. 理解网店＋实体连锁店物流模式在电商物流中的优势和局限；

3. 掌握网店+实体连锁店物流模式的运作方式。

技能目标

1. 学会网店+实体连锁店物流模式的实际运作流程；
2. 掌握网店+实体连锁店模式使用的物流技术。

情感目标

1. 激发学生学习电子商务物流的激情和兴趣；
2. 帮助学生进行职业定位，培养学生的职业素养。

学习任务

任务一 初识网店+实体连锁店物流模式

任务描述

小李刚从中职学校物流管理专业毕业，凭着扎实的专业知识和良好的职业素养，他成功进入苏宁物流工作。初入职场，小李对苏宁物流还比较陌生，因此想边工作边学习，熟悉苏宁物流的运作方式，以便于自己以后更好地工作。

任务目标

1. 了解什么是网店+实体连锁店物流模式；
2. 理解网店+实体连锁店模式出现的原因；
3. 掌握网店+实体连锁店模式在电商物流中的优势和局限。

任务实施

一、网店＋实体连锁店物流模式的含义

网店＋实体连锁店物流模式是指以实体连锁店及其完备的物流配送体系为基础，充分利用实体连锁店完善的物流配送体系并结合电子商店新型网上销售方式，以达到消费者、实体连锁店和网店同时“三赢”的目的的新型物流配送方式。该模式如图 3－1 所示。

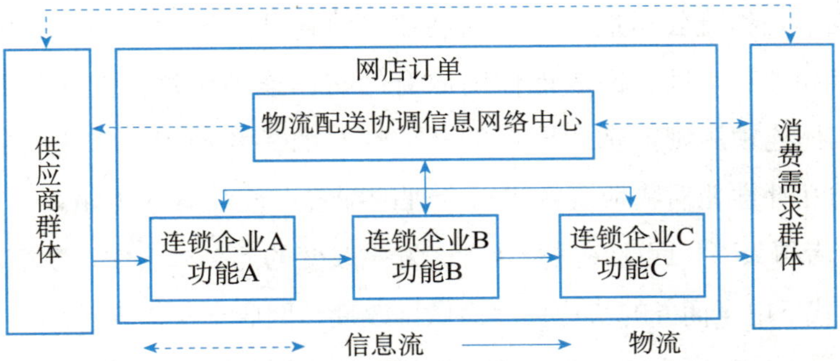

图 3－1　网店＋实体连锁店物流模式

通过这种新型物流模式，消费者可以在实体连锁店体验商品，在网上完成下单，物流和信息流即刻响应，实现即时配送到家，避免消费者的盲目消费以及漫长的物流等待，极大地提升了消费者的消费体验。同时，网店往往是消费者便利性购物的最佳平台，而连锁店则会成为消费者消费的最后保障。这样的组合方式，最大限度地发挥了物流的综合功能，实现了各个利益主体的优化。

二、网店＋实体连锁店物流模式出现的原因

1. 消费习惯的改变

如今的市场属于买方市场，消费者总是希望能买到物美价廉的商品，因此他们经常货比三家，但并不是一味地追求低价；消费者对于网购也变得越来越

理智，体验式消费越来越重要，因此线下的体验和线上的快速下单相结合正好能满足消费者在价格和体验方面的需求。

2. 消费者生活方式的改变

便利性和快捷性是多数网购者的心理需求，据有关统计分析，中国约有5亿人有过网购行为或者趋向于网购。快节奏的生活方式使越来越多的人成为网购者，他们需要通过便捷的网购和快速的物流配送来加快自己的生活节奏，提升生活品质。

3. 物流资源的优化

节省成本是物流公司追求的共同利益，而各种资源的整合能给物流创造出更大的生存和盈利空间。网店能借助原有的实体连锁店物流配送体系进行快速配送，而实体连锁店则能依附网店的开放性对商品和连锁品牌进行推广。因此它们之间的互补性能对物流资源进行合理的配置，使其得到优化。

得物流者得天下，因此在消费观念已发生改变的当今社会中，物流模式必须顺应大数据时代下电子商务的快速发展而做出改变。网店＋实体连锁店模式正是在这样的历史背景下应运而生的。网店＋实体连锁店物流模式的流程如图3－2所示。

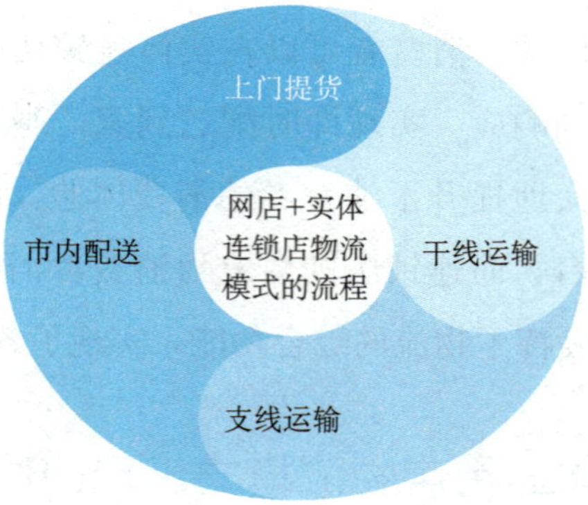

图3－2 网店＋实体连锁店物流模式的流程

三、网店＋实体连锁店物流模式的优势

网店＋实体连锁店物流模式的优势如图3－3所示。

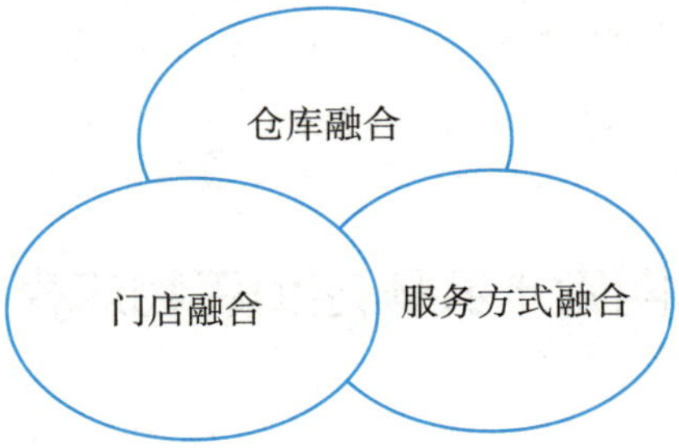

图 3－3　网店＋实体连锁店物流模式的优势

1. 仓库融合

同品牌线上线下销售渠道共用仓库，可以实现就近发货，更好地发挥品牌多仓多点的优势，缩短物流的运输距离，更快响应和实现物流。

2. 门店融合

线上店铺与线下店铺相扶相助，共享资源，同步销售，融合管理，通过各种营销方式提高市场份额；可以实现线下体验，线上下单，有利于体验感的提升，减少纠纷。

3. 服务方式融合

融合线上线下客户数据，售后服务方式多样化，提升用户体验，完善整个服务流程。

网店＋实体连锁店物流模式具有非常明显的优势，它是在新零售电商的带动下蓬勃发展起来的，很好地弥补了其他物流模式的不足。

四、网店＋实体连锁店物流模式的局限

1. 必须有强大的连锁店和完善的物流网点作为支撑

如果不具备完善的物流网点，就完全发挥不出这种模式的优势。

2. 网店必须具有较高的知名度

品牌效应是影响消费者选择的重要因素，如果没有这方面的资源，也发挥

不出这种模式的优点。

任务二 网店＋实体连锁店物流模式的运作方式

任务描述

小李经过了一段时间的工作和学习，已经基本了解了网店＋实体连锁店这种物流模式的含义以及它产生的原因，但是他还不清楚这种模式下的物流运作方式，他该把握哪些重点呢？

任务目标

掌握网店＋实体连锁店物流模式的运作方式。

任务实施

网店＋实体连锁店物流模式是在新零售电商的发展中形成的一种物流模式，它具有明显的发展优势，也渐渐形成了独特的运作方式。其中最为典型的是苏宁和国美的运作方式。

一、苏宁物流的运作方式

1. 线上和线下物流系统的运作模式

苏宁线上和线下物流系统的信息、物质交换如图 3－4 所示。

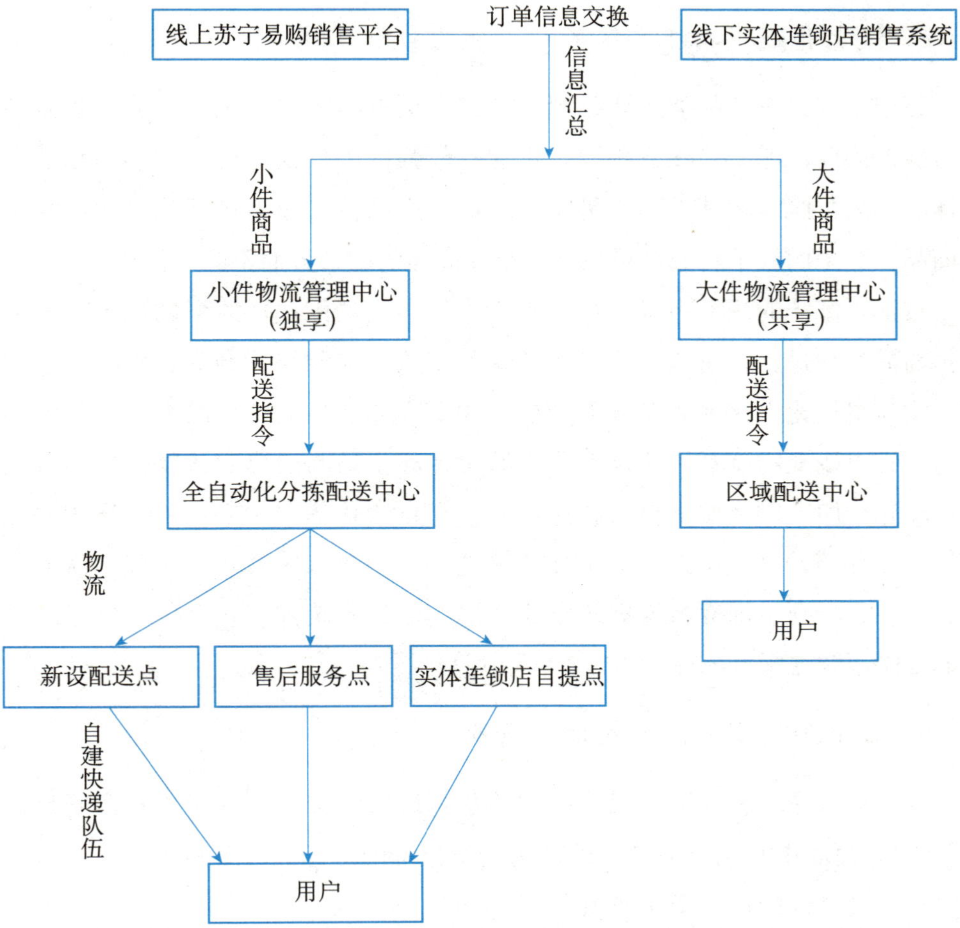

图 3－4　苏宁线上和线下物流系统的信息、物质交换示意图

2. 线上和线下物流信息系统的响应

苏宁的快速发展与其阳光服务承诺有着密不可分的关系，其中物流是苏宁实现服务承诺的有力手段。在整个物流系统的构建上，一方面要充分利用苏宁的线下物流系统资源，另一方面还要满足苏宁各类产品的物流需求，线上物流系统的选择和构建成为苏宁首要考虑的问题。

由于中国的第三方物流业发展不成熟，难以提供苏宁线下物流系统已提供的一系列增值服务，同时，以外包的方式来建立线上物流系统，会使配送服务的质量难以控制，出现线上、线下服务质量良莠不齐的局面，削弱苏宁最核心的服务竞争力，而苏宁已建立了较完备的线下物流网络，并对线下物流具有较强的管理能力，因此，苏宁选择自建线上物流系统来实现与线下物流系统的对接与协同。

3. 线上和线下物流系统的核心能力

苏宁早期经营的品类主要是家电产品，负责给客户配送的产品也多是体积较大的，因此，苏宁的线下物流系统拥有较强的大件配送能力。然而随着苏宁整体品类的扩张，尤其是苏宁易购的发展，产品范围逐渐扩展到日用百货等小件商品，原来的线下物流系统在这些小件商品的配送方面不具有优势。

目前，苏宁的线上物流系统专职于小件商品的配送，线下物流系统专职于大件商品的配送。针对线下物流系统，苏宁从物流网络的布局、物流信息化管理、物流机械化操作等诸多方面加强了线下实体店在大件商品方面的物流配送能力。针对线上物流系统，建设了能够满足苏宁易购的第四代物流基地和第五代自动化仓库，以及城市自营快递体系；在自动化拣选中心内部，采用领先科技的立体存储、语音拣选、电子标签拣选、自动分拣等技术，实现了从商品入库、上架、转仓、拣货到集货的作业全部由信息系统支持，大大提升了小件商品的远距离快速配送响应能力。

4. 线上和线下物流系统的信息交换

线上物流系统和线下物流系统的信息得以顺畅交换，依赖于仓库管理系统(WMS)、商品条码化管理等先进物流信息技术的运用。苏宁线上物流系统和线下物流系统之间的信息交换如图 3-5 所示。

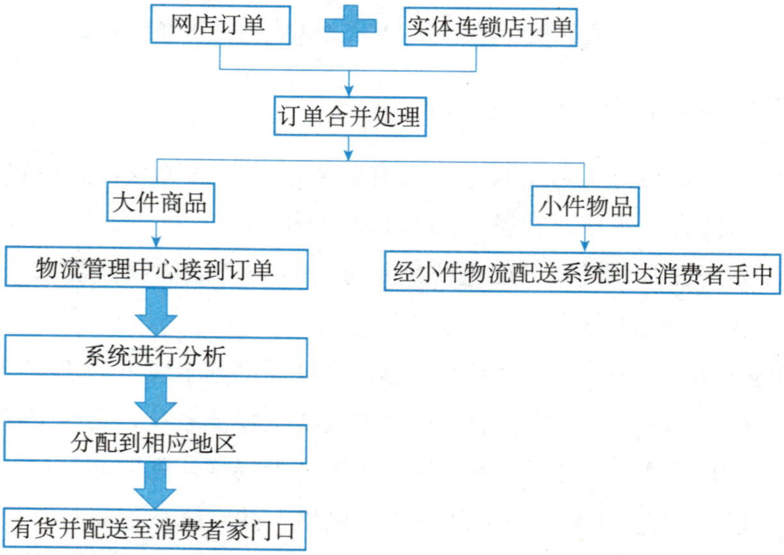

图 3-5 苏宁线上和线下物流系统之间的信息交换

5. 快递配送方式

(1) 由较大门店的员工，将线上订单商品配送到周边一公里范围内的顾客家中，收货地址通常位于靠近大门店的城市繁华路段。

(2) 将苏宁的售后服务网点作为转配点，由售后服务网点的人员将线上商品送到顾客家里去，收货地址通常位于城郊或较为偏僻的地带。

(3) 采用电子商务企业自营物流配送模式（自营为主）。电子商务企业自营物流配送模式是指电子商务企业根据自身的规模、商品的配送量、企业的经营策略以及业务网点布局等多种条件与因素，依靠自己构建的网络体系开展本企业物流配送业务，在合适的地点自己建造一个或多个配送中心。其核心是建立集物流、商流、信息流于一体的现代化新型物流中心。

1) 配送中心模式。苏宁易购实际是一种“网店＋实体连锁店”的模式，网上的营销必须依附其线下的连锁经营来实现，由于苏宁易购面对的同样是来自全国各地的客户，因此配送中心模式应为最佳物流模式。通过配送中心，根据用户的订单和销售预测，进行规模化采购进货、保管，然后按客户订单所需商品及其数量，在规定的时间准时送达客户（这里的“客户”既指下一级的配送中心，也可以指苏宁的连锁门店、最终用户等）。

2) 速递队伍。除大型配送货车外，苏宁易购的另一支配送小分队也在日益壮大，他们每日满载各种小件商品，穿梭于城市街道之间。这就是苏宁易购的毛细物流配送体系——速递队伍。

(4) 第三方物流配送模式。对于一些订单，苏宁无法或者是暂时无法完成的情况下，可以将业务外包给第三方物流企业。

二、国美物流的运作方式

国美建立了集中配送模式、自营及第三方配送相结合的弹性的物流体系。在库存上，分为“大库”和“小库”，它们构成了国美电器全国连锁的物流系统的枢纽。“大库”是指配送中心，国美在每个地区只设立一个7 000～10 000平方米的配送中心，由这个地区和所有与之相邻的地区共同使用。“小库”是指国美各门店配备的小型仓库，用于存放少量库存。其物流体系如图3-6所示。

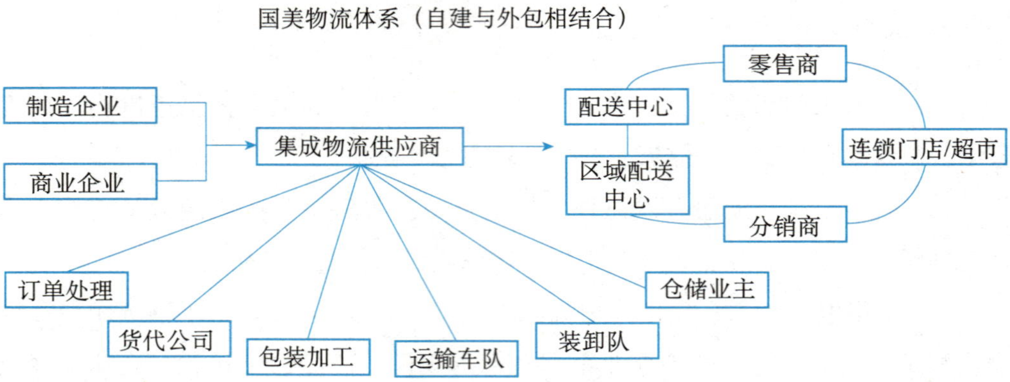

图 3-6 国美物流体系

1. 网店+实体连锁店配送体系

当顾客在国美门店购买商品时，只需要说出配送目的地的地址，销售人员就可以在终端电脑上读取系统推荐的有效且可选择的几个配送时间段，客户根据需要选择即可，而这背后的功臣就是智能配送引擎。如图 3-7 所示。

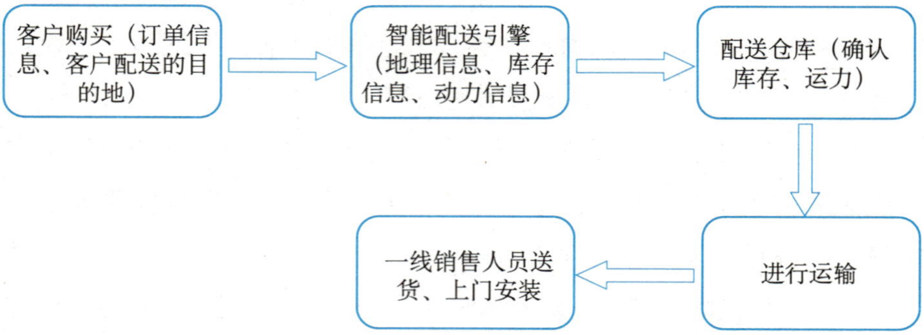

图 3-7 国美的网店+实体连锁店配送体系

2. 业务配送体系

在配送运作模式上，国美将原先的“门店储存配送”模式改革为“集中配送”模式，大件的电器由生产厂家驻各地的分公司直接送至配送中心，在顾客看完样机下订单之后再由配送中心统一配送到顾客家中。在门店摆放的多为顾客方便直接带走的电器和样机等。集中配送模式与原先的门店储存配送模式相比更加科学、高效，成本和产品损坏率更低。但这就要求每个地区分部有 7 家以上的连锁店，配送中心方能发挥其作用。其业务配送体系如图 3－8 所示。

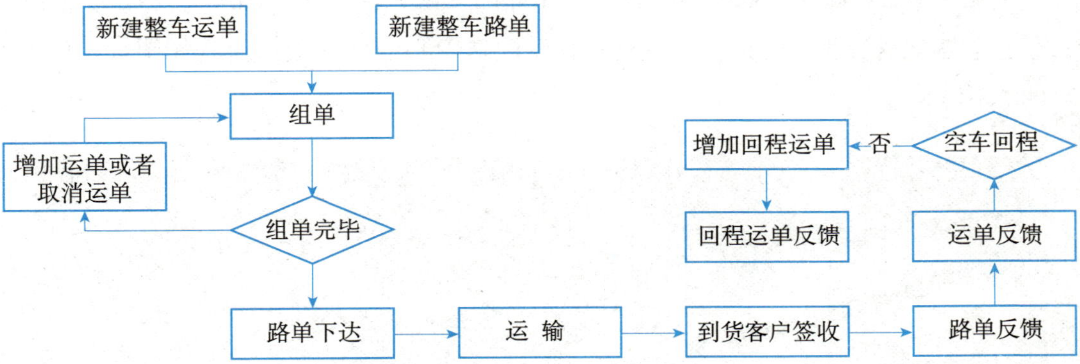

图 3－8　国美业务配送体系

3．物流模式

国美的物流模式随着业务的发展也在不断发展变化，从一开始的“大库”到“门店储存配送”，再到后来的配送中心集中配送，国美的物流配送模式也逐步走向成熟。

（1）门店储存配送物流模式。

开始阶段：这一阶段国美物流仅限于“大库”的概念。当时国美的业务范围还仅限于北京地区。在北京郊区设立一个“大库房”，各家门店设立相应库房；厂商将大件商品直接送到“大库”，再由调货车配送到门店库房。顾客交款后，到门店库房提货、验机，并由顾客自己找车运回。

业务高速发展期：采用“门店储存配送”的物流模式，国美向顾客提供大件商品送货上门服务。当时各门店销售的商品均在门店库房储存，顾客交款后直接到门店库房提货，开箱验机满意后，由门店派车送货上门。这种给客人送货的方式操作起来很麻烦，每一个门店都要有一个自己的仓库、有自己的送货车，资源不能共享，造成很大浪费。这种单一的模式只适合门店形式，并不适合当今快速发展的电商新时代。

（2）建立物流配送中心。

2002 年 3 月国美物流部成立，国美开始全面实施“集中配送”的物流模式，即将所有冰箱、洗衣机、空调、彩电等大件商品和一部分小件商品集中储存在配送中心，所售商品由配送中心集中配送到顾客家中。在每一个地区，国美只设立一个配送中心，由这个地区和所有与之相邻的地区共同使用。国美的物流配送中心、电器配送流程、物流信息查询及物流配送中心的标准配送流程如图 3－9 至图 3－12 所示。

图 3－9　国美的物流配送中心

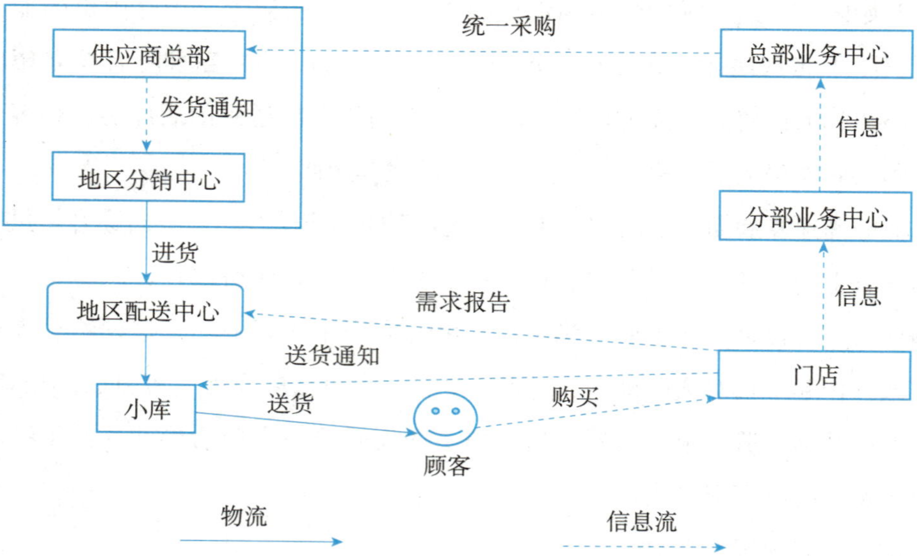

图 3－10　国美电器配送流程

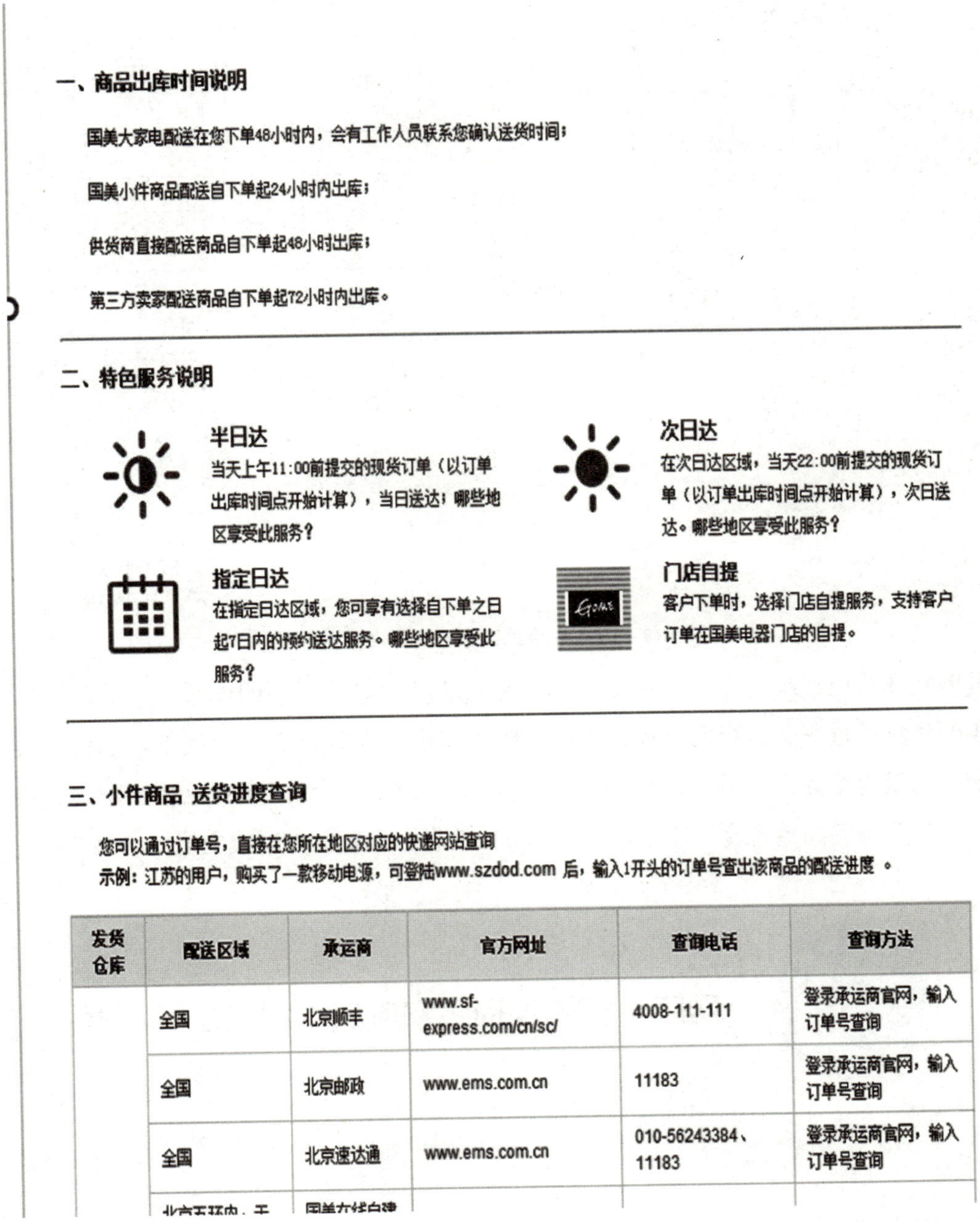

一、商品出库时间说明

国美大家电配送在您下单48小时内，会有工作人员联系您确认送货时间；

国美小件商品配送自下单起24小时内出库；

供货商直接配送商品自下单起48小时出库；

第三方卖家配送商品自下单起72小时内出库。

二、特色服务说明

半日达
当天上午11:00前提交的现货订单（以订单出库时间点开始计算），当日送达；哪些地区享受此服务？

次日达
在次日达区域，当天22:00前提交的现货订单（以订单出库时间点开始计算），次日送达。哪些地区享受此服务？

指定日达
在指定日达区域，您可享有选择自下单之日起7日内的预约送达服务。哪些地区享受此服务？

门店自提
客户下单时，选择门店自提服务，支持客户订单在国美电器门店的自提。

三、小件商品 送货进度查询

您可以通过订单号，直接在您所在地区对应的快递网站查询
示例：江苏的用户，购买了一款移动电源，可登陆www.szdod.com 后，输入1开头的订单号查出该商品的配送进度 。

发货仓库	配送区域	承运商	官方网址	查询电话	查询方法
	全国	北京顺丰	www.sf-express.com/cn/sc/	4008-111-111	登录承运商官网，输入订单号查询
	全国	北京邮政	www.ems.com.cn	11183	登录承运商官网，输入订单号查询
	全国	北京速达通	www.ems.com.cn	010-56243384、11183	登录承运商官网，输入订单号查询

图 3－11　国美物流信息查询

苏宁和国美这两种典型的网店＋实体连锁店的物流模式的共同点都是在自有物流体系的基础上，实现网上订单和实体店订单的信息合并，以原有的强大的物流网络为基础，实现物流快速反应，及时配送。但是随着电子商务的发展，线上

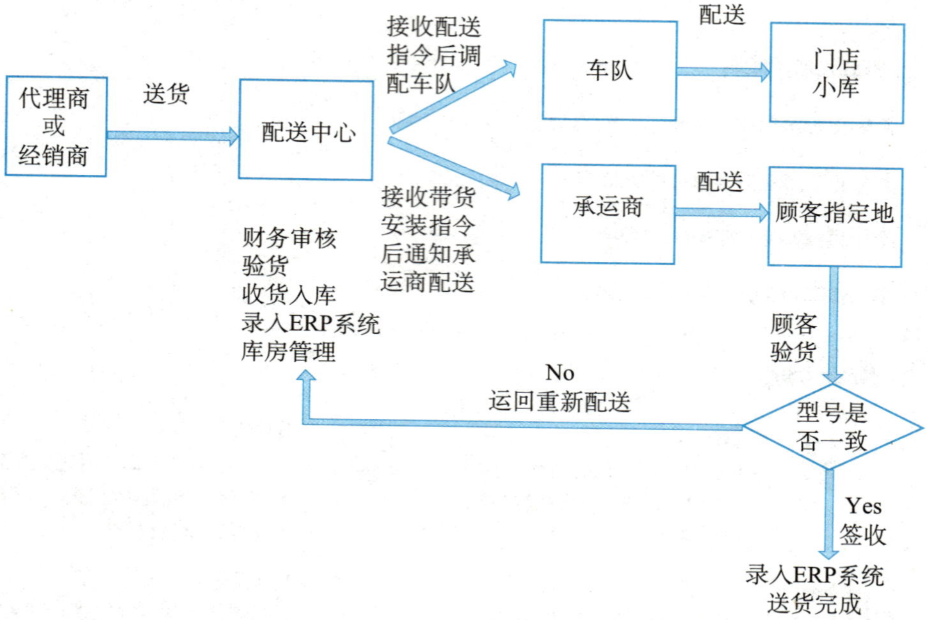

图 3－12　国美物流配送中心的标准配送流程

的购物体验已经臻于完美，而线下的物流配送以及安装服务的体验，目前还处于不断优化的过程。但线上消费者的购物体验需求一定要贯穿线上线下，不仅需要前台的销售服务，还需要后台的物流服务和售后服务，谁能实现仓储、配送、售后服务资源的高效整合，使后台有效地协同前台，谁就能实现线上线下的融合。

任务三　网店＋实体连锁店物流技术和设备及管理

任务描述

经过一段时间的努力，小李已经非常熟悉苏宁的物流操作流程，但是在工作过程中，他发现有很多新的物流技术和设备投入使用，新物流技术的应用也成了小李目前需要攻克的难题。

任务目标

1. 掌握以苏宁为代表的网店＋实体连锁店物流模式所使用的新技术和设备；
2. 理解在这些新技术和设备的应用下物流管理的新的发展方向。

任务实施

一、网店＋实体连锁店物流技术和设备

1. AGV 物流机器人

AGV 机器人的体积尺寸为 $1\ 020 \times 950 \times 500\mathrm{mm}^3$，自重 160kg，可以承重 800kg 的货架自如行走，如图 3－13 所示。当没电时，AGV 机器人可以自动回到充电桩自行充电。

图 3－13　AGV 物流机器人

这款机器人在上海奉贤物流基地已经正式投入使用。这款机器人的应用，让商品的拣选不再是人追着货架跑，而是等着机器人驼着货架排队跑过来，通过移动机器人搬运货架实现“货到人”拣选，打破了传统的“人到货”拣选模式。

目前，在上海AGV机器人仓中一共有270组机器人，这些机器人有两种组合。200组是机器人与货架的组合，主要用于承载3C小件和拆零件。单件商品平均拣货时间为10秒，小件商品拣选效率是人工的5倍以上，拣选准确率可达99.99%以上。70组是机器人与托盘合作，应用于3C商品整件以及大批量的搬运工作。AGV托盘机器人，整件商品拣选效率是人工的10倍以上，单件商品平均拣货时间为10秒，拣选准确率可达99.99%以上。相对于运小件商品货架的AGV机器人，托盘机器人载重量可达800kg，相当于一次性能承载200个电脑显示器。

所以，采用AGV机器人可以节省大量人力，一个AGV机器人可以替代10个工人，让以往一个仓库中的劳动工人从50～70人，减少到只需要5人左右来负责机器人的操作。

大量AGV机器人的使用，提高了智能仓储的工作效率，加快了物流速度，大幅度节省了人力成本。目前京东、菜鸟、苏宁等的仓储拣货物流正在越来越多地使用这类机器人。

2. 物流无人机

苏宁在全国运营了多条常态化的无人机配送线路，其成熟的无人机技术将成为苏宁空中智慧物流生态的一个关键组成部分。随着2017年6月年中大促无人机配送第一单的完成，苏宁无人机将全面进入常规化运营线路搭建期。此外，苏宁物流与另一合作伙伴易瓦特共同开发的无人机物流监控平台也即将公开运营。

智能技术向物流领域渗透已经是不可逆转的趋势，仓库作业的自动化、干支线配送的可视化、末端无人技术的新试验，都在或多或少地改变着传统物流模式，影响着物流效率的提升。

“无人机目前相对来说是更为成熟的无人技术，在偏远地区可以很好地补充末端配送的运力，提升快递到村的覆盖和时效，苏宁希望在无人机物流上做一些实打实的应用，会陆续开辟一些低空飞行线路，进行运营总结，推动行业一起进步。”苏宁无人机项目负责人孟雷平介绍道。苏宁的物流无人机如图3-14所示。

图 3－14　苏宁的物流无人机

无人机可以更好地解决配送中的“最后一公里”问题。

3. 共享快递盒

中国每年快递总量已经超过 300 亿件，焚烧不可降解快递袋和胶带产生大量二氧化碳，对环境危害极大，因此，绿色物流成为当下电商行业乃至全社会关注的焦点。苏宁早在 2017 年 4 月就推出了共享快递盒计划，即在末端投递环节使用可循环的包装箱代替纸箱。

据了解，苏宁物流已对共享快递盒进行升级，2.0 版本的新产品已正式推出，如图 3－15 所示。这款新版共享快递盒，采用环保高科技材料，重量轻，无毒无害，坚固耐用，可 100%回收再循环，生产过程中不排放任何有毒气体、不排放污水，让可循环的快递盒本身也绿色环保。

十九大报告再次强调要“坚持人与自然和谐共生”，形成绿色发展方式和生活方式。苏宁新版共享快递盒，可谓为解决包装行业痛点交上了一份堪称颠覆性的答卷。可以说苏宁的共享快递盒是环保物流的一个先行者，它给同行业的其他物流企业起到了非常好的表率作用。

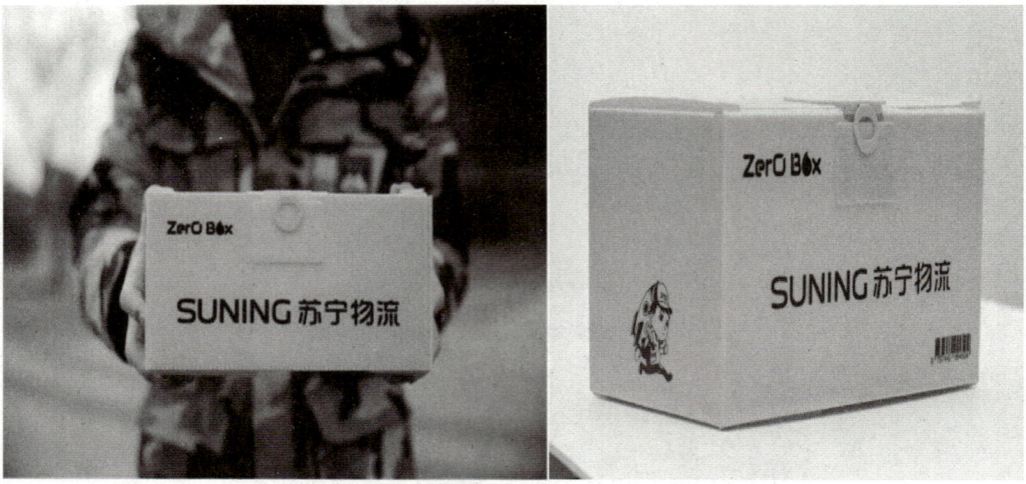

图 3-15　共享快递盒

4. 苏宁云台

（1）苏宁开放物流的定义。

苏宁开放物流是指以“网络集成化、作业机械化、管理信息化”为核心，实现商品仓储、包装、运输、装卸、分拣、信息管理专业化的作业以及标准化的服务。

苏宁开放物流在顾客下单成功后，将会以全自动化的机械设备对商品进行分拣、包装，由苏宁的专用车队以及配送人员将商品安全、快速地送至顾客手中。同时，苏宁将为顾客提供 7×24 小时的专业客服服务，实时为顾客提供商品的配送信息。7 天包退、15 天包换服务也会让顾客享受到更加全方位、更加周到的服务。

苏宁开放物流的典型应用是苏宁云台，它可以实现各方面的资源共享，从而创造出更多的物流效应。

（2）苏宁云台仓储。

1）实体仓库，海量存储。60 个物流基地、10 个自动化仓库、297 个二级仓库、1 700 家实体门店、130 万 m^2 物流储备用地，形成了苏宁在行业内无法比拟的海量存储优势，满足全国配送需求，实现货物全国布局，支持销售规模的不断扩大。

2）先进设备，智能管理。立体存储、箱式自动化立体仓库、语音拣选、电子标签拣选、自动分拣等技术，奠定了苏宁物流技术领先的基础，是实现科技物流的真正核心。基于此，从商品入库、上架、转仓、拣货到集货的作业由信息系统全程支持，实现了苏宁物流的精细化管理和流水化作业。

3）高效作业，规模增值。依托仓储的全国布局及先进的技术优势，全面实现了苏宁仓库的机械化、自动化运转。以南京自动化仓库为例，系统识别订单就近仓库转至全自动化仓库系统之后，25分钟包裹就可以出仓，日出货量可达10万单，形成了传统物流作业难以想象的高效优势，实现了在全国范围内的规模化销售增长。

苏宁云台共享平台如图3-16所示。

图3-16　苏宁云台共享平台

（3）苏宁云台配送。

1）配送网络，全国辐射。5 000台自有车辆、超6 000人的配送队伍，干线运输、零售配送、“最后一公里”等业态丰富的配送形式，87个城市配送中心、12个区域配送中心、4个全国配送中心的网络布局，覆盖中国内地所有一二线城市、1 785个县级城市和500个发达乡镇的终端网络布局，使苏宁能够整合资源优势，弥补网络空白，具备了全境纵深配送能力。

2）货物安全，全程跟踪。全球定位系统（GPS）、运输管理系统（TMS）等现代化信息技术的运用，使苏宁实现了可视化物流配送，可以全程跟踪定位货物状态，优化路线排程计划，能够在最短的时间内将货物安全送达。

3）专业物流，准时到达。基于仓储全国布局及配送的纵深覆盖能力，苏宁物流已经实现全国100个城市的半日达和220个城市的次日达服务，真正基于用户需求进行物流配送，迈上了物流发展的新台阶——准时化配送，极大地提升了用户体验。

二、网店+实体连锁店物流管理

1. 仓储管理

由于具有全国领先的物流技术，仓储管理也逐渐进入了无人生态系统时代，最大限度地减少了人工操作中的低效率问题。仓储管理的无人生态系统如图 3-17 所示。

图 3-17 仓储管理的无人生态系统

(1) 装卸作业。机械化的专业工具与设施，规范的装卸作业管理，极大地提高了仓容率。如图 3-18 所示。

图 3-18　无人生态系统之装卸作业

（2）商品信息维护。商品信息维护全程采用条码管控、批号及唯一码管理、定制化、库存预警、库存数据报表自动生成等技术。如图 3-19 所示。

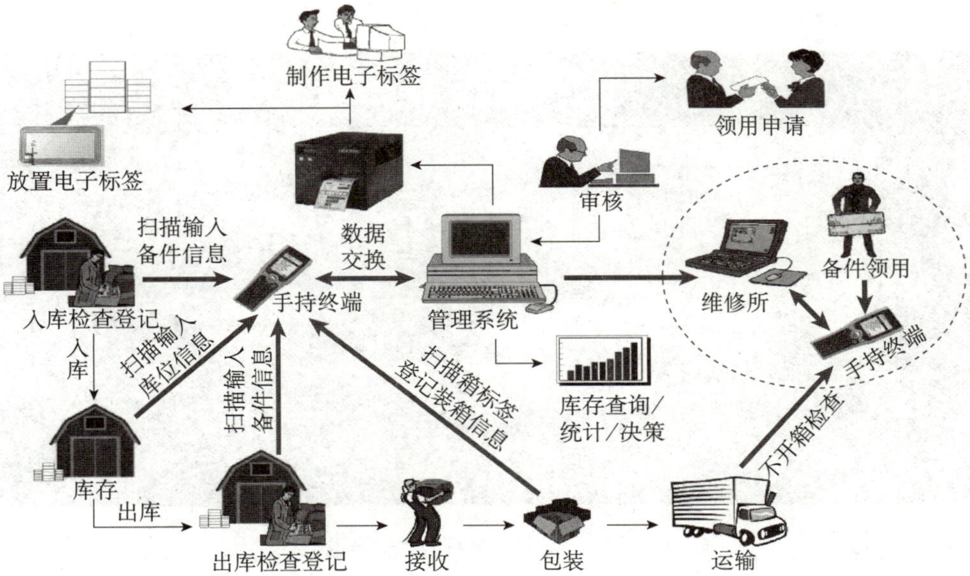

图 3-19　无人生态系统之商品信息维护

（3）出入库管理。合理的出入库管理系统可以实现到货前预约、严格的收货质检流程、退货质检、分类入库等。如图 3-20 所示。

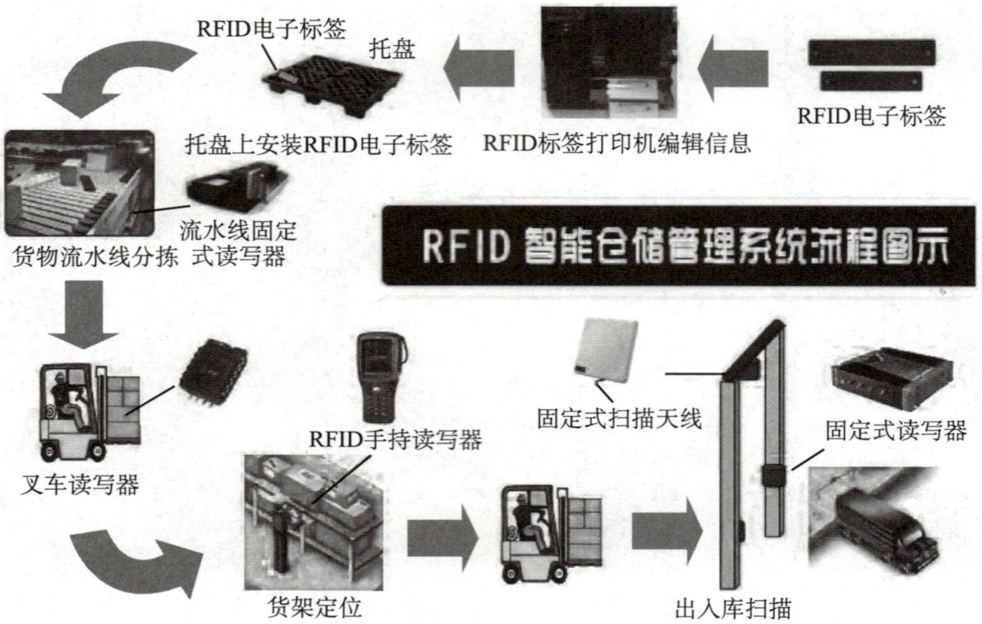

图 3-20　无人生态系统之出入库管理

（4）安全措施。支持 7×24 小时保安执勤，支持 7×24 小时无盲点监控。如图 3-21 所示。

图 3-21　无人生态系统之安全监控

2. 运输配送

（1）上门提货。接到客户提货指令，可上门提货或由客户将货物送到配送中心（DC）。

（2）干、支线运输。定期班车，全程监控。

（3）市内配送。通过电话预约、短信通知客户，客户可选择自提或送货安装，实现了一日三达、精准配送、送装同步的配送模式。

运输配送流程如图 3-22 所示，送装同步的流程如图 3-23 所示。

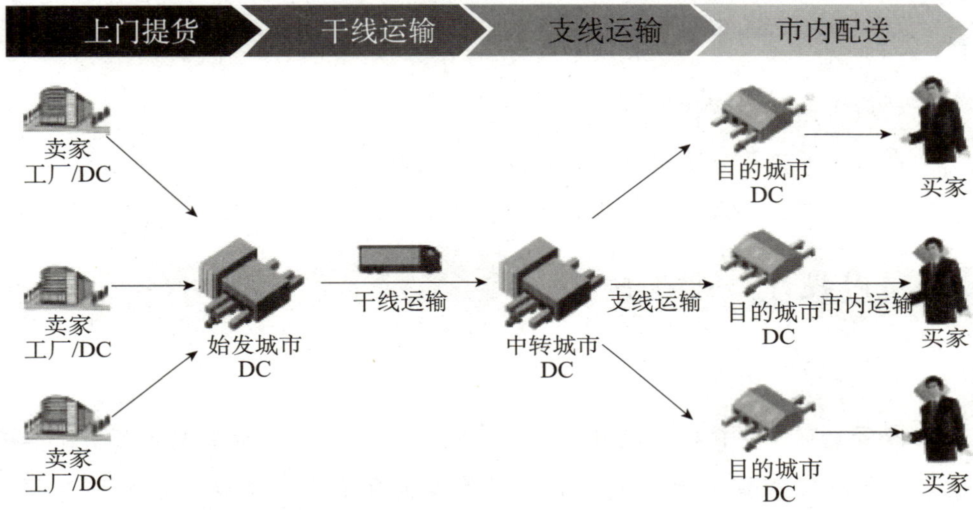

图 3-22　运输配送流程

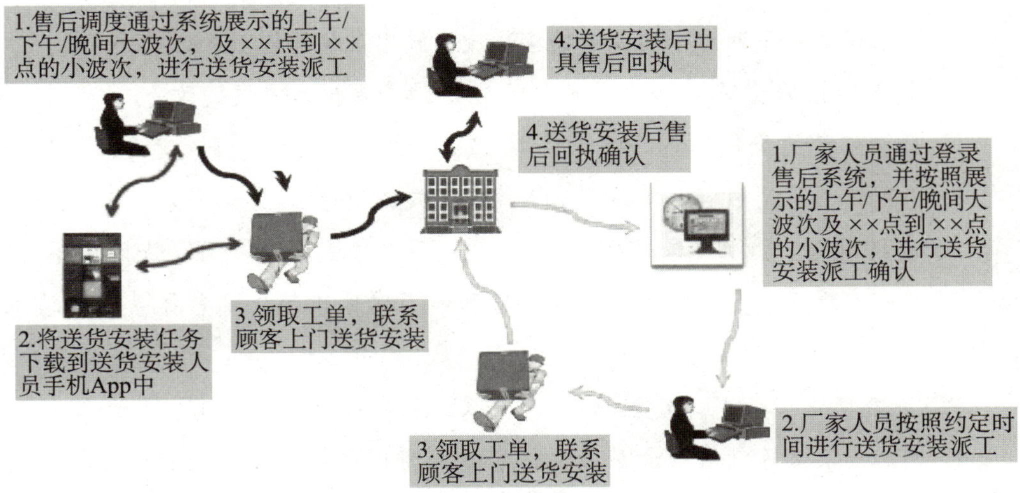

图 3-23　送装同步的流程

总之，不管是线上还是线下的订单，物流在经过订单的合并处理后，进行运输与配送。

网店+实体连锁店的物流模式是很多著名电商企业所采用的一种行之有效的物流配送方式，极大地发挥了线上和线下的各种功能，达到了资源的最优化配置，既节省了物流成本，又完善了物流的各方面功能，满足了消费者的各种需求。

知识小结

1. 网店+实体连锁店物流模式的含义。
2. 网店+实体连锁店物流模式的优势和局限。
3. 网店+实体连锁店物流模式的运作方式。

练习提升

一、单选题

1. 网店+实体连锁店物流模式充分利用了（　　）完善的物流配送体系并结合了电子商店新型网上销售方式，以达到消费者、实体连锁店和网店同时“三赢”的目的。

A. 实体连锁店　　B. 网店　　C. 实体连锁+网店　　D. 物流

2. 下列哪项不是网店+实体连锁店物流模式出现的原因？（　　）

A. 消费习惯的改变　　B. 消费者生活方式的改变

C. 物流资源的优化　　D. 仓库融合

3. 下列哪项不是网店+实体连锁店物流模式的优势？（　　）

A. 仓库融合　　B. 门店融合　　C. 服务方式融合　　D. 价格融合

4. 苏宁实现了线上苏宁易购销售平台和线下实体连锁店销售体系订单信息的（　　）。

A. 不兼容　　B. 汇总　　C. 吞并　　D. 排斥

5. 网店+实体连锁店物流系统在信息方面得以顺畅交换，依赖于（　　）、商品条码化管理等先进物流信息技术的运用。

A. WMS　　B. RED　　C. SOP　　D. AGV

6. AGV 机器人搬运货架实现了（　　）拣选。

A. 货到人　　B. 人到货　　C. 人货合一　　D. 自动

7. 无人机可以更好地解决配送中的最后（　　）问题。

A. 一公里　　B. 两公里　　C. 三公里　　D. 四公里

8.（　　）有助于实现绿色物流。

A. AGV 机器人　　B. SOP 技术　　C. 共享快递盒　　D. 无人生态系统

9. 苏宁云台是一种（　　）物流，可以实现各方面的资源共享，从而创造出更多的物流效应。

A. 封闭　　B. 开放　　C. 半封闭半开放　　D. 全封闭

二、判断题

1. 网店十实体连锁店物流模式使苏宁的物流进行了重新的组合并购，从而实现了大件商品和小件物品同车同线配送。（　　）

2. 苏宁易购实际上是一种“网店十实体店”的模式，网上的营销必须依附其线下的连锁经营来实现，由于苏宁易购面对的同样是来自全国各地的客户，因此配送中心模式应为其最佳物流模式。（　　）

3. 网店十实体连锁店物流模式并不需要借助第三方物流配送。（　　）

4. 物流无人机适合于城市配送网络比较完善的发达城市，这样会更节约物流成本。（　　）

5. 苏宁新版共享快递盒，可谓为解决包装行业痛点交上了一份堪称颠覆性的答卷。（　　）

知识拓展

苏宁云商集团股份有限公司

一、苏宁发展历程

苏宁创办于 1990 年 12 月 26 日，总部位于南京，是中国商业企业的领先者，经营商品涵盖传统家电、消费电子、百货、日用品、图书、虚拟产品等综合品类，线下实体门店 1 600 多家，线上苏宁易购位居国内 B2C 前三，线上线下的融合发展引领了零售发展新趋势。

2004 年 7 月，苏宁电器股份有限公司成功上市。

2013年9月，包括苏宁银行在内的9家民营银行名称获得国家工商总局核准。

2014年1月27日，苏宁云商收购团购网站满座网。

2014年10月26日，中国民营企业500强发布，苏宁以2 798.13亿元的营业收入和综合实力名列第一。

2015年8月10日，阿里巴巴集团投资283亿元人民币参与苏宁云商的非公开发行，占发行后总股本的19.99%，成为苏宁云商的第二大股东。12月21日，苏宁全面接手原江苏国信舜天足球俱乐部。

2016年12月21日，苏宁银行获批，黄金老担任苏宁银行行长。

2017年1月3日，拟全资收购天天快递。2017年7月20日，《财富》世界500强排行榜发布，苏宁云商位列485位。2017年8月，全国工商联发布“2017中国民营企业500强”榜单，苏宁控股以4 129.51亿元的年营业收入名列第二。苏宁“双十一”1小时战报：7秒破亿，首单13分47秒送达。

2018年1月14日，苏宁云商发布公告，拟将“苏宁易购”这一苏宁智慧零售的渠道品牌名称升级为公司名称，对公司中文名称、英文名称、证券简称等拟进行变更。

二、云商变革

1. O2O提出

2012年3月，张近东在北京两会期间提出，苏宁的目标是要做中国的“沃尔玛+亚马逊”。苏宁的O2O模式就此开启，同时这一年也被称为苏宁的O2O元年，中国的O2O也因此拉开了发展的序幕。

2. O2O战略布局

2013年2月，苏宁明确提出“电商+店商+零售服务商”的云商新模式；6月，全国所有苏宁门店与苏宁易购实现同品同价；9月，在弘毅年会上，张近东首次对外阐述苏宁“一体两翼互联网路线图”，明确指出中国零售业未来发展的方向是互联网零售，重点是O2O和开放平台；11月，张近东受斯坦福大学的邀请发表演讲，呼唤O2O的时代；四季度，苏宁还在北上广深等一线城市推出第一批1.0版本互联网门店。

苏宁全品类、全渠道、全客群的经营布局进一步完善，围绕互联网零售的

"一体两翼"新格局确立，O2O模式战略布局全面成形。

3. O2O战略落地

在供应链方面，苏宁深层次变革供应链的合作模式，改变过去以谈判博弈为主导的模式，并向以用户需求为驱动的商品合作模式转型，制定了"巩固大家电，凸显3C，培育母婴"的品类聚焦策略。

在物流方面，全面提升物流体验，推出半日达、急速达、一日三送等特色产品。2015年，苏宁"物流云"实现全面社会化开放。在用户体验和产品创新方面，推出手机免费贴膜、预测营销、苏宁V购等特色化产品。

4. 初见成效

2016年3月30日晚间，苏宁云商发布年报，2015年实现营业收入1 355.48亿元，同比增加24.44%；实现归属于上市公司股东的净利润8.73亿元，同比增加0.64%。其中，苏宁线上平台交易额达502.75亿元（含税），同比增长94.93%。经过6年的互联网零售转型摸索，苏宁云商线上业务终于迎来爆发式增长。

三、发展物流

2013年2月21日，中国两大家电零售商之一的苏宁云商集团股份有限公司宣布推出新的运营模式和组织架构，融合其线上线下平台。公司副董事长孙为民说，未来三年公司将投资180亿～220亿元人民币发展物流项目。在大数据中心驱动下，整合本季度商品，统一发送。未来征召一支250人的队伍应对消费者投诉。

苏宁此前创新性地推出"云商"模式，在此基础上又新成立了商品经营总部、连锁平台经营总部、电子商务经营总部，线上线下融合进入全面实操阶段。据苏宁连锁平台经营总部执行总裁田睿介绍，在全新的连锁平台下，苏宁门店将全面提升经营能力，把更多的精力集中在对消费者的服务上，从单独的商品售卖转变为为消费者提供全方位服务。换言之，苏宁门店的综合服务能力将被放大。

在苏宁"2013新模式、新组织、新形象"发布会上，苏宁董事长张近东表示，"云商"模式可概括为"电商＋店商＋零售服务商"，它的核心是以云技术为基础，整合苏宁前台后台、融合苏宁线上线下，服务全产业、服务全客群。云商模式不仅是苏宁跨越发展的新方向，也必将成为中国零售行业转型发展的新趋势。

苏宁的云商模式的核心架构在于“电商＋店商＋零售服务商”的组合，其中线下店商与线上电商相比，最大的优势在于线下的直接服务能力，可以让消费者有更直观、更全面、更多样的服务体验。

2012 年，苏宁先后推出了两大全新实体零售业态——苏宁 Expo 超级店和地区旗舰店，开始对一、二、三级市场的线下门店进行全面改造升级，升级之后的苏宁超级店和旗舰店的服务职能大大增强。

与之前传统的卖场模式不同，苏宁超级店更类似于购物广场，偏向于消费者商品体验和购物环境的营造，在商品体验方面，消费者可随意体验苏宁超级店内的体感游戏、3D 电视、按摩椅等各类商品。而对于带孩子的消费者来讲，超级店内还提供儿童游戏区，消费者可以将孩子送到儿童娱乐专区之后安心选购。

苏宁地区旗舰店作为面向二、三级市场的全新店面形态，无论是在产品丰富度还是店面环境上，均是当地家电连锁业态的标杆——3 米宽的购物主通道，多层次的系统标识，整体视觉通透，给消费者最佳的购物体验。店内设立客户服务中心、3C 服务中心等功能区，为消费者提供一站式服务体验。

苏宁超级店和地区旗舰店的综合服务功能在苏宁云商模式下被放大，消费者的用户体验需求被进一步挖掘，苏宁线上线下各自发挥其做大的优势，苏宁云商模式的优越性正在凸显。

田睿表示，2013 年，苏宁在服务产品的开发上，以电子商务平台及实体店面为载体，重点围绕消费者日常生活展开，范围涵盖购物、资讯及生活服务等方面，打造一站式的服务解决方案。消费者不仅可以在苏宁易购上享受生活服务，还可以在苏宁店面现场体验各类服务，如生活设施缴费、充值、票务预订等。这是苏宁线上线下融合的又一重大举措。

思考

1. 苏宁物流有哪些发展趋势？
2. 苏宁 O2O 物流模式是什么？

情景四

物流联盟模式

学习背景

菜鸟网络科技有限公司成立于2013年5月28日，是由阿里巴巴集团、银泰集团联合复星集团、富春集团、申通集团、圆通集团、中通集团、韵达集团等共同组建的物流联盟。

菜鸟的愿景是建设一个数据驱动、社会化协同的物流及供应链平台。它是基于互联网思考、互联网技术和对未来的判断而建立的创新型互联网科技企业。它致力于提供物流企业、电商企业无法实现，但是未来社会化物流体系必定需要的服务，即在现有物流业态的基础上，建立一个开放、共享、社会化的物流基础设施平台，一个基于电商平台的物流联盟，在未来中国任何一个地区可实现24小时内送货必达。

为此，菜鸟网络计划分三期建设，首期投资人民币1 000亿元，希望在5～8年的时间内，努力打造遍布全国的开放式、社会化物流基础设施，建立一张能支撑日均300亿元（年度约10万亿元）网络零售额的“中国智能物流骨干网”，帮助所有的企业货达天下，同时支持1 000万家新型企业发展，创造1 000万个就业岗位。

“中国智能物流骨干网”不仅是电子商务的基础设施，更是中国未来商业的基础设施。中国智能物流骨干网将应用物联网、云计算、网络金融等新技术，为各类 B2B、B2C 和 C2C 企业提供开放的服务平台，并联合网上信用体系、网上支付体系共同打造中国未来商业的三大基础设施。物流一直被认为是电子商务“三流”（信息流、资金流、物流）中最难攻克的障碍。高速发展的电子商务所代表的中国新经济，急需构建规模更大、效率更高、网络更完善、服务更优质的社会化物流基础设施平台。

秉承和发扬开放、透明的互联网文化，菜鸟网络将通过开放的平台，与合作伙伴建立共赢的体系，服务整个电商生态圈内的所有企业，支持物流行业向高附加值领域发展和升级，最终推动建立社会化资源高效协同机制，提升中国社会化物流服务品质。菜鸟网络股权结构及各出资方功能如图 4－1 所示。

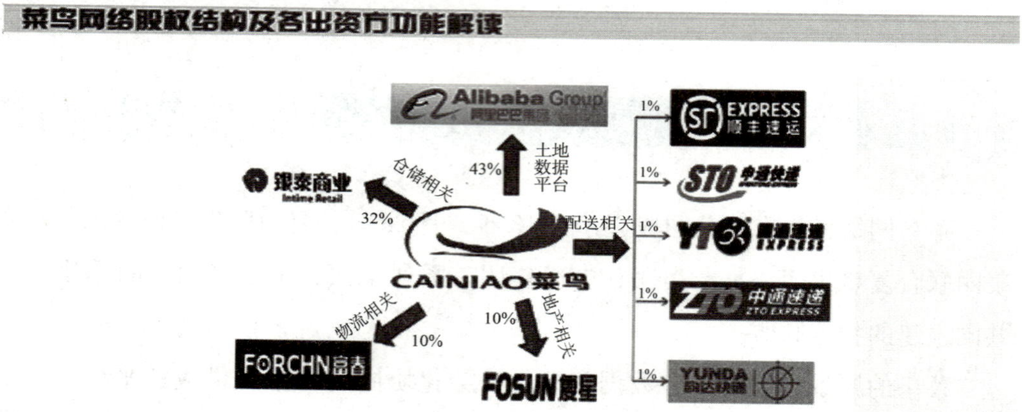

图 4－1　菜鸟网络股权结构及各出资方功能

学习目标

▶ 知识目标

1. 掌握物流联盟模式的含义；
2. 掌握物流联盟的基本组织结构；
3. 掌握物流联盟的运作模式及盈利模式；
4. 掌握物流联盟实战中使用的新技术；
5. 了解菜鸟物流。

技能目标

1. 学会物流联盟的实际运作流程；
2. 掌握物流联盟模式使用的物流技术；
3. 掌握菜鸟物流的国内快递服务；
4. 掌握菜鸟物流的跨境物流运营。

情感目标

1. 激发学生学习电子商务物流的激情和兴趣；
2. 帮助学生进行职业定位，培养学生的职业素养。

学习任务

任务一 初识物流联盟

任务描述

小吴初入菜鸟物流公司上班，对菜鸟物流还比较陌生，想弄懂它是怎样的一种物流形式，以便于自己以后更好地工作。

任务目标

1. 了解物流联盟的含义；
2. 理解物流联盟产生的原因；
3. 掌握物流联盟的基本组织结构。

任务实施

一、物流联盟的含义

联盟是介于独立的企业与市场交易关系之间的一种组织形态，是企业间由于自身某些方面发展的需要而形成的相对稳定的、长期的契约关系。物流联盟又称为第四方物流，是以物流为合作基础的企业战略联盟，它是指两个或多个企业之间，为了实现自己的物流战略目标，通过各种协议、契约而结成的优势互补、风险共担、利益共享的松散型网络组织。在现代物流中，组建物流联盟，作为企业物流战略的决策之一，其重要性是不言而喻的。我国物流水平还处于初级阶段，组建联盟便显得尤为重要。图 4－2、图 4－3 所示分别为中国冷链物流联盟和菜鸟物流联盟标志。

图 4－2　中国冷链物流联盟标志

图 4－3　菜鸟物流联盟标志

二、物流联盟产生的原因

1. 利益是物流联盟产生的最根本原因

企业之间有共享的利益是物流联盟形成的基础。物流市场及其利润空间是巨大的。在西方发达国家物流成本占 GDP 的 10%左右，而我国占 15%～20%，如此巨大的市场与我国物流产业低下的效率形成了鲜明的对比，生产运输企业通过物流或供应链的方式形成联盟有利于提高企业的物流效率，实现物流效益的最大化。

2. 中小企业为了提高物流服务水平，通过联盟方式解决自身能力的不足

近年来随着人们消费水平的提高，零售业得到了迅猛的发展，这在给物流业带来发展机遇的同时，也带来了新的挑战。因物流发展水平的长期落后，如物流设备、技术落后，资金不足，按行政条块划分物流区域等，很多企业尤其是中小企业不能很快适应新的需求，于是通过联盟的方式来解决这个矛盾。

3. 第四方物流的整合作用催生联盟的方式

以第四方物流为中心，对提供物流服务的各个机构尤其是第三方物流公司进行整合，能大大提高其服务能力和服务质量，解决单独靠一家企业或第三方物流机构不能解决的问题，因此产生新的联盟方式。第四方物流的运作模式如图 4－4 所示。

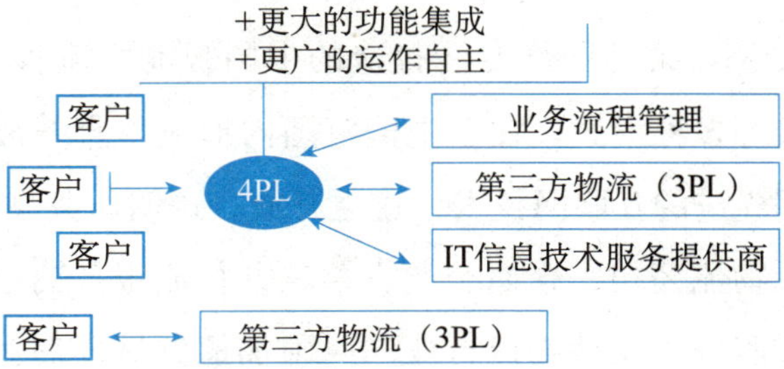

图 4－4　第四方物流的运作模式

4. 互联网技术的广泛应用使跨地区的物流企业联盟成为可能

信息高速公路的建成，使得异地物流企业利用网络也可以实现信息资源共享，为物流企业联盟提供了有利的条件。图 4－5 为中国电子商务物流企业联盟的标志。

图 4－5 中国电子商务物流企业联盟的标志

5. 我国物流企业面临跨国物流公司的竞争压力，通过物流联盟形式来应对

中国加入 WTO 后，给国外的投资商带来了无限的商机，而具有巨大潜力的物流业当然也成了一块“肥肉”，世界物流巨头纷纷进军中国的物流业。面对如此强劲的竞争对手，我国的物流企业只有结成联盟，通过各个行业和从事各环节业务的企业之间的联合，实现物流供应链全过程的有机融合，通过多家企业的共同努力来应对国外大型物流企业的竞争，形成一股强大的力量，共进退、同荣辱，才有可能立于不败之地。

6. 大型企业为了增强其核心竞争力，通过物流联盟方式把物流业务做大做强，为用户提供更优质的服务

以菜鸟物流为例，菜鸟网络专注打造的中国智能物流骨干网将通过自建、共建、合作、改造等多种模式，在全中国范围内形成一套开放的社会化仓储设施网络。同时利用先进的互联网技术，建立开放、透明、共享的数据应用平台，为电子商务企业、物流公司、仓储企业、第三方物流服务商、供应链服务商等各类企业提供优质服务，支持物流行业向高附加值领域发展和升级。最终推动建立社会化资源高效协同机制，提升中国社会化物流服务品质。菜鸟通过打造智能物流骨干网，对生产流通的数据进行整合运作，实现信息的高速流转，而

生产资料、货物则尽量减少流动，以提升效率。有人认为这种运作模式将颠覆传统物流模式。图 4－6 所示为菜鸟网络打造的电商物流结合流程。

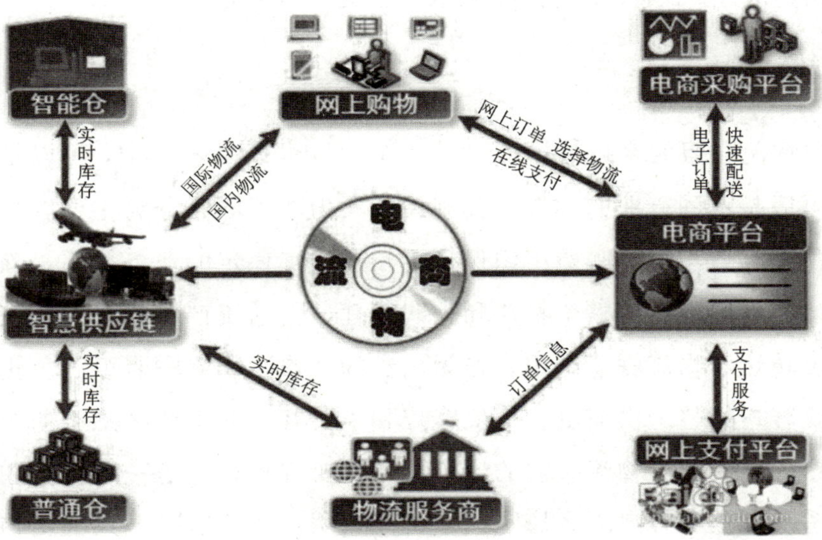

图 4－6　菜鸟网络打造的电商物流结合流程

三、物流联盟的基本组织结构

物流联盟组织成员可多可少，主要有如下几类。

1. 优秀的第三方物流服务商

第三方物流服务商是为企业提供专业物流服务的机构。它通常拥有一定的服务设施、服务专业知识和经验，既可以是提供采购、储存、运输、装卸和配送等综合多样化服务的企业，也可以是从事物流某一方面业务服务的企业。它是物流联盟在物流实体操作方面的主要承担者，但第三方物流服务商缺乏对整个供应链管理进行运作的战略性专长和整合供应链的相关技术。

2. 物流管理咨询公司

物流管理咨询公司是从事物流管理服务的咨询机构，对需要物流服务的企业来讲，它没有具体的物流设施，但却拥有高素质的物流管理人才和丰富的管理经验，了解和掌握着物流的信息，主要从事物流评审、物流规划、物流顾问、系统实施及物流培训等方面的业务，善于帮助企业做出科学的规划和管理，提高收益和竞争力。在物流联盟中它起着“智囊”的作用。

3. 客户

参加物流联盟的客户数量可以是一个，也可以是若干个，可以是同行业的，也可以是不同行业的，根据其规模和实力的不同可分为主要客户和一般客户。主要客户与物流联盟组织保持着长期的、稳定的业务关系，除了共同的出资，通常也把它的整个物流和采购管理，包括资产、物流管理人员以及经营人员转让给物流联盟组织。作为出资的回报，物流联盟组织负责管理和经营主要客户的整个供应链。一般客户和主要客户的主要区别有两个：一是一般客户的规模和对物流联盟的出资不及主要客户；二是一般客户和物流联盟的关系没有主要客户那么稳定、紧密和长期，通常情况下只享受物流联盟提供的服务。

第三方物流服务商、物流管理咨询公司和主要客户构成了物流联盟组织的核心层，形成了整合功能型的组织模式。此外，组织成员中还有其他增值服务商，主要是一些 IT 信息服务提供者以及专业的经营、包装、加工、配送等服务商。物流联盟的组建方式主要是合资（资金、技术知识、基础设施、机器设备等）和长期承包等。

任务二 物流联盟的运作模式及盈利模式

任务描述

小吴经过学习请教，已经基本了解了菜鸟物流的组织形式，但他还不清楚它到底是怎么运作的以及是怎么盈利的。带着这些疑问，小吴开始了新的学习。

任务目标

1. 掌握物流联盟的运作模式；
2. 掌握物流联盟的盈利模式。

任务实施

一、物流联盟的运作模式

物流联盟又称第四方物流（4PL），第四方物流组织有较大的柔性，根据成员组织的约定和目标，它能够适应不同的组织，反过来也能够被行业结构和行为所塑造，形成灵活的运作模式。第四方物流主要有以下几种运作模式。

1. 协同运作型

协同运作型是指由第四方物流为第三方物流提供其缺少的资源，如信息技术、管理技术，制定供应链策略和战略规划方案等，并与第三方物流共同开发市场，而具体的物流业务实施则由第三方物流在第四方物流的指导下来完成的物流运作模式。第四方物流和第三方物流之间的关系一般是商业合同的方式或者战略联盟的合作方式。

在这种模式中，第四方物流为实力雄厚的第三方物流服务商提供供应链战略方案、技术、专门项目管理等补充功能，并主要通过第三方物流为多个客户提供全面物流服务，其特点是兼具雄厚的物流配送实力和最优的解决方案，业务范围多集中在物流配送管理方面，针对性强、灵活性大。如中远货运公司依托中远集运，在美国西海岸至上海之间为通用公司提供汽车零配件的集装箱陆运、海运、仓储、配送等一条龙服务。该模式的运作流程如图 4－7 所示。

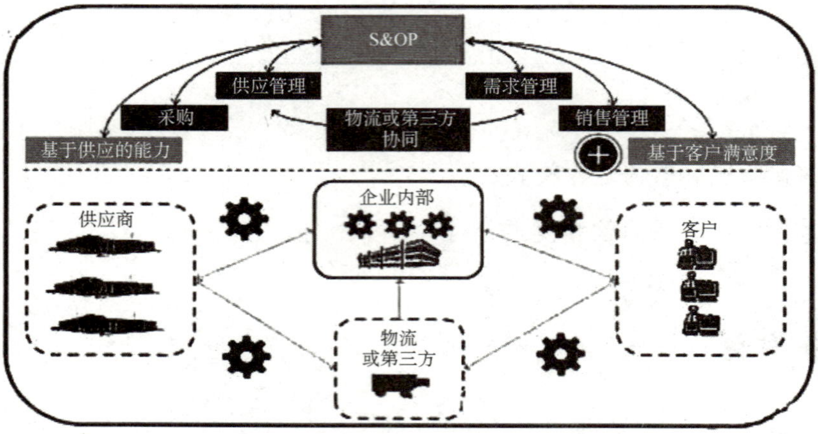

图 4－7　协同运作型的运作流程

2. 方案集成型

方案集成型是指由第四方物流为客户提供运作和管理整个供应链的解决方案，并利用其成员的资源、能力和技术进行整合和管理，为客户提供全面的、集成的供应链管理服务的物流运作模式。在这种方式中，通常由第四方物流和客户成立合资或合伙公司，客户在公司中占主要份额，第四方物流作为一个联盟的领导者和枢纽，集成多个服务供应商的资源，重点为一个主要客户服务。这种模式的运作一般是在同一行业范围内，供应商和加工制造商等成员处于供应链的上下游和相关的业务范围内，彼此间专业熟悉、业务联系紧密，有一定的依赖性。第四方物流服务以主要客户为龙头，带动其他成员企业的发展。执行该模式的好处是服务对象及范围明确集中，客户的商业和技术秘密比较安全。第四方物流与客户的关系稳定、紧密，而且具有长期性，但重要的前提条件是客户的业务量要足够大，使参与的服务商对所得到的收益较为满意。该模式的运作流程如图 4－8 所示。

3. 行业创新型

第四方物流在各个提供资源、技术和能力的服务商的协助下，为多个行业

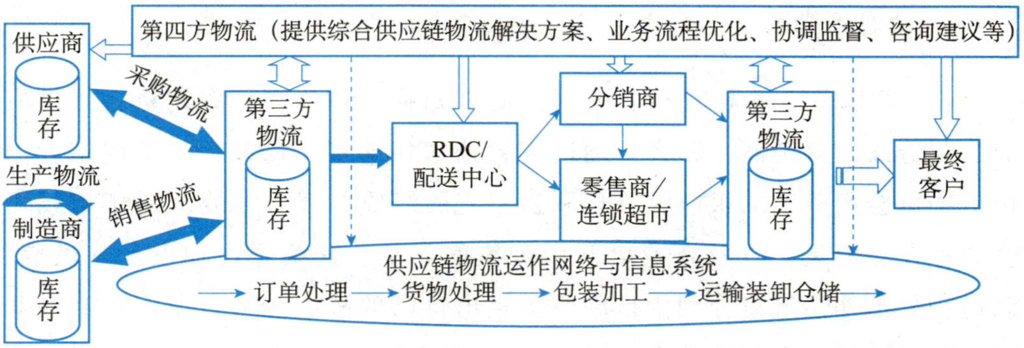

图 4-8 方案集成型的运作流程

的客户提供供应链解决方案。它以整合供应链的职能为重点，以各个行业的特殊性为依据，领导整个行业供应链实现创新，给整个行业带来改革和最大利益。

行业创新型是指以第四方物流为主导，联合第三方物流公司等其他服务商，提供运输、仓储、配送、快递等全方位的高端服务，给多个行业客户制定供应链解决方案的物流运作模式，如菜鸟物流网络公司联合圆通、顺丰、中通、韵达、申通、富春物流、天猫、复星集团、银泰集团等公司组建大型物流联盟，服务上下游企业，大大提高了物流效率，实现了中国物流业速度的大提升。该网络的运作流程如图 4-9 所示。

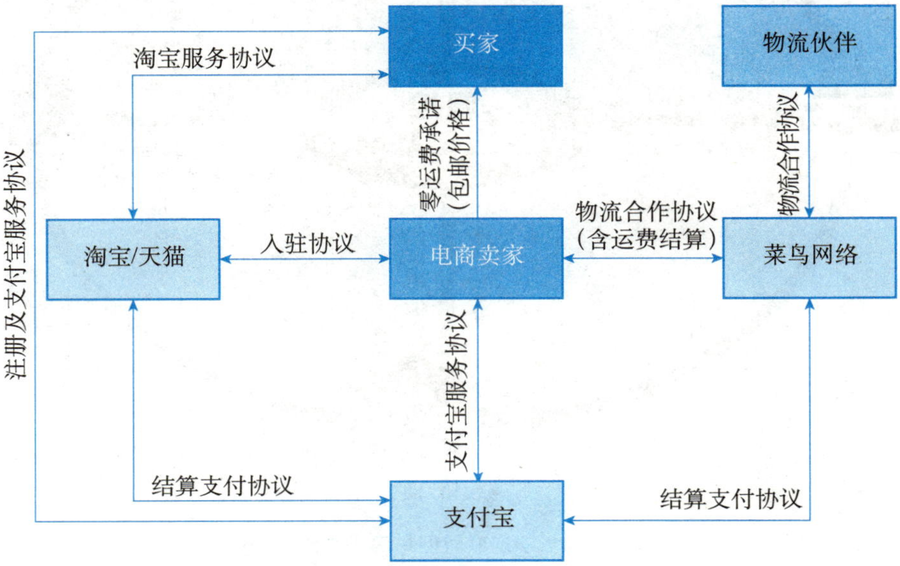

图 4-9 菜鸟物流网络的运作流程

4. 动态联盟型

动态联盟是一些相对独立的服务商（如第三方物流、咨询机构、供应商、制造商、分销商）和客户通过信息技术相连接，在某个时期内结成的由市场机会所驱动的供应链管理联盟。它的组成与解散主要取决于市场机会的存在与消失，以及企业可利用价值的大小。这些企业在设计、供应、制造、分销等领域里分别为该联盟贡献出自己的核心能力，以实现利润共享和风险分担。它们除具有一般企业的特征外，还具有基于公共网络环境的全球化伙伴关系及企业合作特征，面向经营过程优化的组织特征，可再构、重组与可变的敏捷特征等，能以最快速度完成联盟的组织与建立，优势集成，抓住机遇，响应市场，赢得竞争。图 4-10 所示为动态联盟型第四方物流实例。

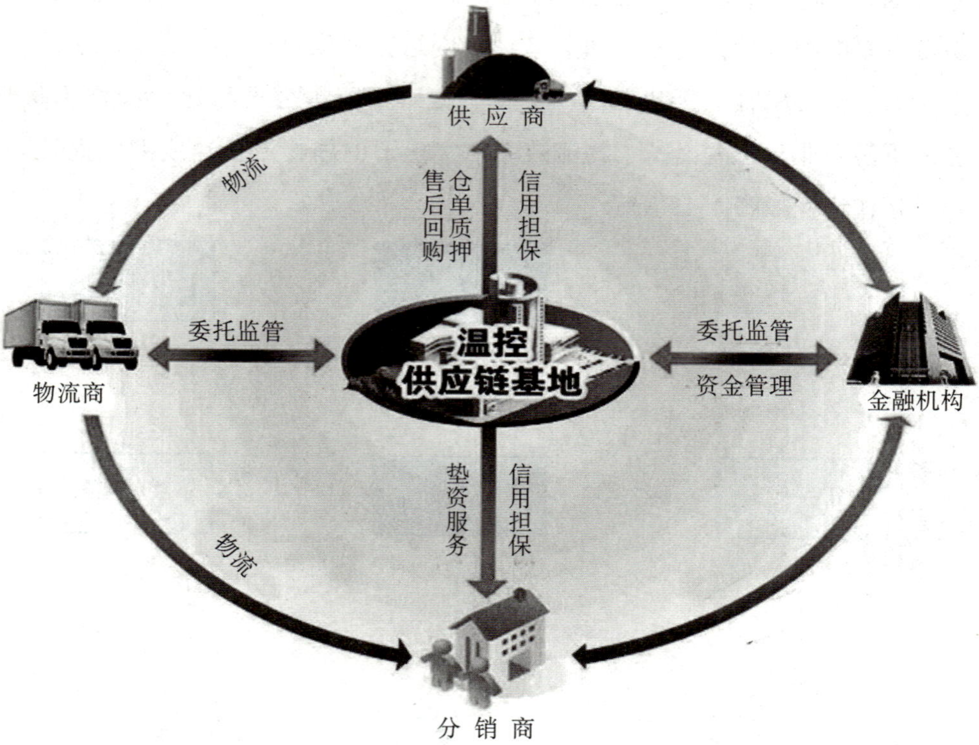

图 4-10 动态联盟型第四方物流实例

二、物流联盟的盈利模式

第四方物流价值创造的理论基础主要源于外包业务的兴起和企业优化其价值链的需要。业务外包是指通过委托-代理契约将企业内部的某项职能或某项任务分包给其他企业或组织来完成。业务外包的好处如图 4－11 所示。

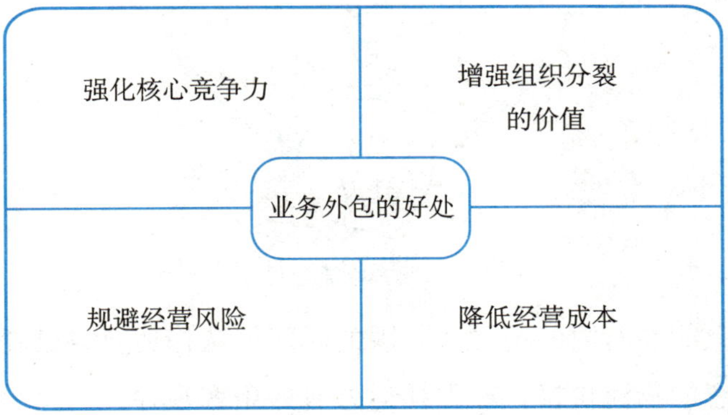

图 4－11　业务外包的好处

业务外包引入第三方物流，进而产生第四方物流。第四方物流为客户管理和运作综合供应链提供解决方案。解决方案将整合第四方物流，补充服务提供者的资源、能力、技术，实现客户供应链各个组成部分的价值传递。在电子商务企业运作中，物流联盟可以使企业进一步专注于自己的核心业务，加快到货速度，提高到货质量，增强企业的竞争力，在不断变化的市场中取得有利地位。

供应链管理的需求推动了第四方物流的产生，而第四方物流还处在初步发展阶段，许多公司尚不具备专业性和经验。第四方物流应具备的条件如图 4－12 所示。

从第四方物流应具备的条件来看，其盈利模式有以下几种：

1. 信息共享平台盈利模式

从根源上讲，导致第三方物流企业资源利用率低和盈利能力低的原因在于物流业务的需求方和供给方的信息不对称。面对庞大的物流市场、海量的物流

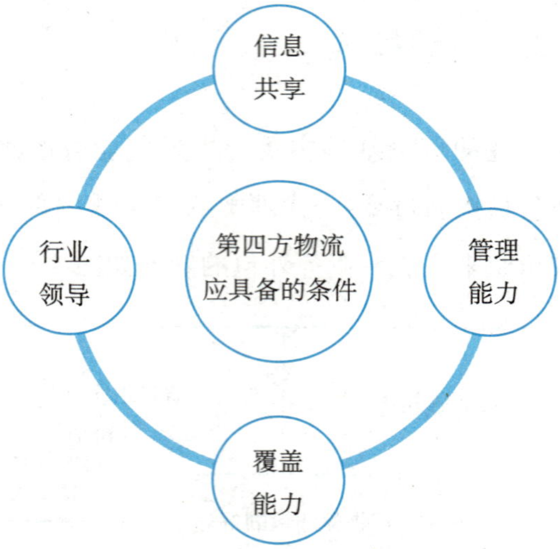

图 4-12　第四方物流应具备的条件

信息，托运方只能在有限的范围、有限的时间内选择适合自己托运条件的物流企业，议定满意的物流价格，亦即托运方有一条客观存在的交易预算线，只能在这条预算线范围内寻找最满意的承运方；而承运方一旦运力和谈判能力欠缺，就容易在市场中迷失方向，甚至失去发展机会乃至生存空间。由于信息的不对称，对社会资源造成的浪费十分明显。为减少这种浪费，需要提供一个平台，这个平台收集全国范围内或者区域范围内的物流信息，并向能够进入平台的用户分享该信息、利用该信息，使供需双方的业务量在这个平台内显示出来，根据同类业务供需情况，采取“举手表决”的方式决定合同价格。从这点上，第四方物流可以找到自己的盈利点，形成自己的核心竞争力，创造价值，而这个价值则是平台建立之前供需双方交易成本的一部分，这个价值远低于供需双方独自寻求合作方时所付出的成本。这是第四方物流萌芽阶段的主要盈利模式。

图 4-13、图 4-14 分别为物流信息服务平台和电商物流服务平台示意图。

2. 增值服务模式

当第四方物流企业建立起全国范围或区域范围内的信息共享平台，且在该地区大部分的物流供需方都在运用信息共享平台，第四方物流的基本盈利点已经稳固且成熟时，应开拓新的盈利模式。这是因为，在区域范围内长期运用信

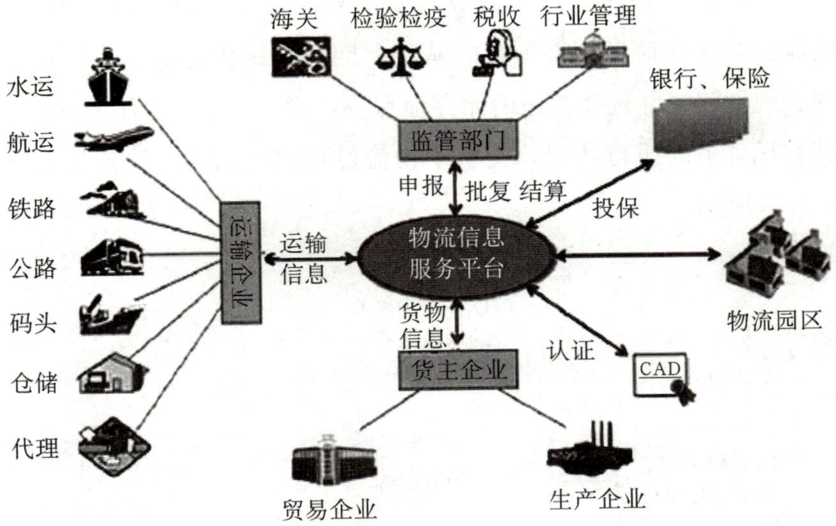

图 4-13 物流信息服务平台示意图

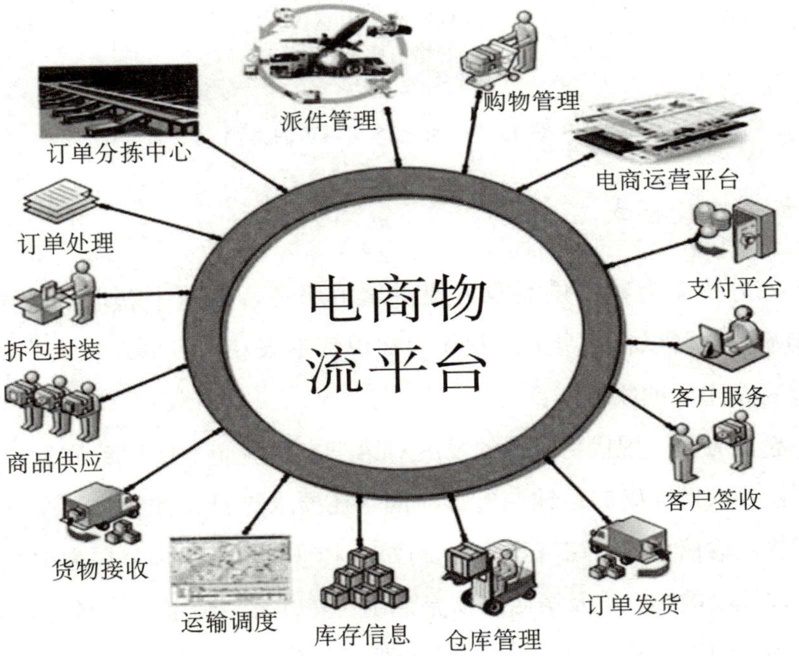

图 4-14 电商物流服务平台示意图

息共享平台的物流供需方必然形成路径依赖，即长时间与某一家或几家公司签订物流合同；或者在多次使用信息共享平台签约于不同公司后复制到自己存在和潜在的大部分合作方。这时，第四方物流企业的信息共享平台的生命周期正在趋于老化，迫切需要注入新鲜血液来使信息共享平台的生命周期得以延长。第四方物流企业应在信息物流平台的基础上向客户提供增值服务，比如为客户分析库存、规划路线并选择合适的储存地点等，运用其IT能力保证客户能够及时了解其委托订单的履行状况，使整个物流过程更透明化。物流增值服务的类型如图4-15所示。

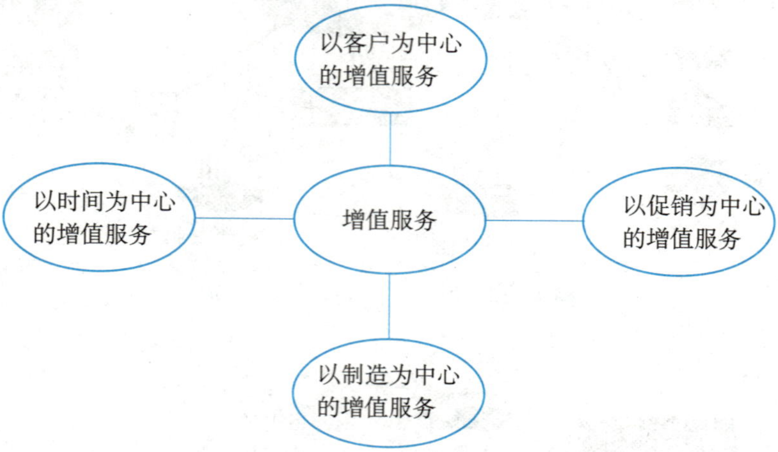

图4-15 物流增值服务的类型

3. 物流咨询模式

在第四方物流为物流供需双方提供增值服务，并从中获取到大量经验后，第四方物流企业可以将自身的经验作为知识资本来获取利润。从需求对象上看，企业和政府是主要的物流咨询需求方。

(1) 企业方面。现代物流链的发展对第三方物流企业的服务质量要求越来越严格，不仅要求更准确的运输与配送时间，还要求更具弹性的物流服务，以及更动态的货物运输信息（跟踪与监控）。例如，上海艾尔特咨询公司为中原油田运输处规划面向社会的第三方及第四方物流企业发展方案，确定其外部市场发展战略，同时优化内部组织经营管理结构，大大降低了运输成本，提高了服务质量。

大型企业倾向于依靠自身力量来解决物流问题，在集团内建立物流咨询公司或者在公司内建立专门的物流部门，如青岛海尔物流咨询有限公司。而中小企业由于自身实力不够，倾向于向外部咨询机构求助，因此中小企业对物流咨询的需求呈现出急剧上升的趋势。从咨询行业的分布来看，当前国内的物流咨询服务主要集中在烟草、医药、汽车、零售、粮食、钢材等行业。表 4－1 罗列了各种类型的企业所进行的相对应的物流咨询项目。

表 4－1 企业物流咨询项目

制造型企业	流通型企业	第三方物流企业
生产流程改造	配送中心规划	物流市场分析
库存整改方案	配送路线优化	发展战略咨询
回收物流整改方案	物流信息系统	物流信息系统
物流信息系统	仓储设备选型	供应链协同服务

（2）政府。进入 21 世纪，我国许多地方政府对现代物流发展予以高度重视，并将其作为提升城市（地区）竞争力的重大举措来抓，提出了现代物流发展目标。2015 年中国物流与采购联合会公布的中国物流发展白皮书表明，在我国各地区地方政府的经济社会发展规划中，大多数地区把发展现代物流放在重要的地位，全国有相当多省（直辖市）、自治区、中心城市开始或者已经制定了物流发展规划。而政府出台的物流规划绝大部分都是依靠科研院所、行业协会或者专业的物流咨询机构来完成的。

政府的物流咨询主要集中在经济发达的沿海城市，北京、上海、深圳等都相继完成了物流发展规划研究，近两年中小城市的物流规划也逐步开始进行。咨询项目主要集中于对本市物流行业现状的摸底调查、城市的物流发展规划、物流园区和物流中心建设规划以及发展模式研究。2015 年中国物流园区基本构成如表 4－2 所示。

表 4－2 2015 年中国物流园区基本构成（调研数据）

<table>
<tr><td colspan="20">按物流园区区域分布划分</td></tr>
<tr><td colspan="5">东部地区</td><td colspan="5">中部地区</td><td colspan="5">西部地区</td><td colspan="5">东北地区</td></tr>
<tr><td colspan="5">40%</td><td colspan="5">17%</td><td colspan="5">22%</td><td colspan="5">21%</td></tr>
<tr><td colspan="20">按物流园区业务类型划分</td></tr>
<tr><td colspan="4">货运枢纽型</td><td colspan="4">商贸服务型</td><td colspan="4">生产服务型</td><td colspan="4">口岸服务型</td><td colspan="4">综合服务型</td></tr>
<tr><td colspan="4">13%</td><td colspan="4">15%</td><td colspan="4">7%</td><td colspan="4">6%</td><td colspan="4">59%</td></tr>
<tr><td colspan="20">按物流园区管理方式划分</td></tr>
<tr><td colspan="5">政府管委会</td><td colspan="5">企业自主</td><td colspan="5">委托第三方</td><td colspan="5">其他</td></tr>
<tr><td colspan="5">33%</td><td colspan="5">63%</td><td colspan="5">3%</td><td colspan="5">1%</td></tr>
</table>

4. 供应链集成商模式

通过为企业的各项物流业务提供咨询服务，第四方物流企业可以建立其自身的关系网络，对上下游企业业务进行整合，实现供应链集成。供应链集成是为满足顾客需要，充分利用信息技术，通过对供应链中各企业的综合运作，对供应链中的物流、资金流、信息流及贸易伙伴关系等进行合理的计划、组织、协调与控制，从而达到供应链系统整体最优的一种管理方法。它要求各节点企业围绕物流、信息流、资金流进行信息共享与经营协调，实现柔性的、稳定的供需关系，涉及供应、生产计划、物流、需求四个领域，以同步化、集成化生产计划为指导，运用现代信息技术（如条码扫描技术、POS系统、电子数据交换技术、Internet技术、数据仓库技术、数据挖掘技术等），以达到供应链的整体最优，参与供应链管理的各个企业共享信息、共担风险，是具有共同利益的贸易伙伴关系。

供应链管理是一种基于“竞争-合作-协调”、以分布企业集成和分布作业协调为保障的新的企业运作模式。它强调通过供应链企业间的合作和协调，建立战略伙伴关系，将企业内部的供应链与外部的供应链有机地集成起来进行管理，达到全局动态最优的目标，最终实现“多赢”的目的。供应链管理的范畴如图4-16所示。

图4-16 供应链管理的范畴

任务三　物流联盟的新技术及新设备

任务描述

小吴进入菜鸟联盟上班后，在工作中发现公司使用了许多新技术、新设备，他非常感兴趣，就想针对这些新技术及新设备进行深入学习，以便更好地投入工作。那么就让我们一起看看有哪些新技术和新设备在使用吧！

任务目标

1. 了解和掌握以菜鸟网络为代表的物流联盟所使用的新设备和新技术；
2. 理解这些新技术和新设备为物流带来的新变化。

任务实施

智慧物流被认为是现代物流业的必然趋势。所谓智慧物流，就是利用信息技术使得装备与控制智能化，使其代替人又高于人的物流发展新模式。智慧物流的发展与移动互联网、云计算、大数据、物联网等新兴技术密切相关。

包括菜鸟网络、京东物流在内的物流实体从成立伊始，所瞄准的就是智慧物流。它们利用自身庞大的电商平台所孕育的海量快递订单，以及在云计算、大数据、人工智能等领域的技术优势，将订单与新兴技术相结合，构建起一个智慧物流的生态圈。

以菜鸟网络为例，仅用三年时间，菜鸟网络就已经把快递、仓配、末端、农村和跨境这五张物流网络搭建起来。菜鸟联盟智能仓配网络的当日达、次日达已经覆盖全国1 000多个区县；电子面单、智能分单助力“双十一”海量包裹全面提速；遍布全国的菜鸟驿站服务了数十亿人次；跨境网络让全世界消费者见证了中国速度；农村物流让2万多个村庄的消费者跟上了现代生活方式；ET物流实验室引领物流技术前沿，先后推出了智能化仓库、配送机器人小G等。

本节我们就介绍下以菜鸟网络为代表的物流联盟所使用的新技术和新设备。

一、新技术

1. 移动互联网

利用移动互联网技术改造传统物流行业，可以解决行业信息不对称、中间环节过多、非标准化、管理低下等几个困扰行业发展的问题，让物流行业作业模式更加高效，重建物流行业经营模式。

（1）互联网升级物流的“指挥系统”。首先，在物流信息技术应用上，手持终端设备的开发和移动互联网App应用的不断成熟，使物流企业内部运作信息更加同步，分拣中转、装卸运输、揽收派送等环节更加协同有效。其次，大数据应用使物流企业之间、电商与物流行业之间形成联动机制。例如，菜鸟是电子商务物流开放数据平台，在电商销售旺季，一方面，菜鸟通过销售数据预测订单产生规模、地点、物流路径，指导物流企业提前配置资源，缓解物流压力；另一方面，菜鸟根据物流运输情况指导电商商家调整营销策略，从货源端减少物流系统压力。

（2）互联网让物流变得更“聪明”。物流的过程，是社会产成品从厂商转移到消费者的过程，互联网不仅改变了物流的“动”的过程，更重要的是能够让货物“少动”甚至“不动”，这背后是商品流通体系潜移默化的转型升级。智能分仓技术将改变现有物流模式，做到“货物不动数据动”，大幅提高物流效率，降低物流成本。大数据预测将指导商家进行库存前置，包括品类、规模、地域，以成本最低的方式提前将货物运输到消费地，待消费者下单后，再从最近的电商仓库完成最后一公里配送，做到“订单未下，物流先行”。

（3）互联网为物流创造了更多的受众。互联网带来了产业布局、城镇化的改变，带来了三、四线城市、农村消费的变化，扩大了物流覆盖半径和纵深。互联网使得中小城镇、农村的电子商务大力发展起来，克服了地域空间的阻隔，缩小了城乡差距，使农村用户在网上也可以买到与大城市居民同样的商品和服务，快递同样送到家门口。互联网带来的生产、消费、物流的改变会构筑新的商业流通体系。图 4－17 为互联网在电商物流中的作用。

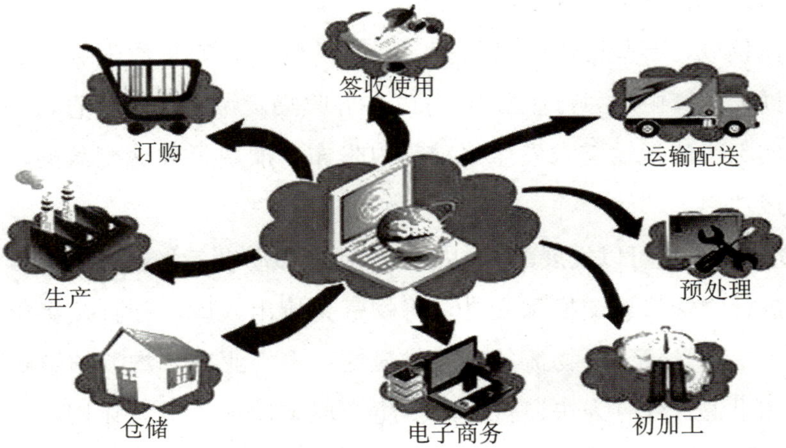

图 4－17 互联网在电商物流中的作用

2. 云计算

“云计算”具有快速部署资源或获得服务、按需扩展和使用、按使用量付费、通过互联网提供等特征，包括基础设施即服务、软件即服务和平台即服务等类型。“云物流”是“云计算”在物流行业的应用服务，利用“云计算”强大的通信能力、运算能力和匹配能力，可以集成众多物流用户的需求，形成物流需求信息集成平台，实现所有信息的交换、处理、传递，整合零散的物流资源，使物流效益最大化。随着互联网的普及以及移动终端的广泛应用，“云计算”会渗透到每一个角落，“云物流”也将具有广阔的发展前景。云计算在物流当中的应用主要体现在以下方面：

（1）云计算在快递行业的应用。

从快递业应用云物流的实例看，云物流的作用主要体现在物流信息方面。在实际运作中，首先，快递行业中的某个企业搭建一个“行业云”的平台，集中行业中的私有数据，集中来自全球发货公司的海量货单；其次，对海量货单和货单的目的路径进行整理；再次，指定运输公司发送到快递公司；最后，将货物送达收件人。在这一过程中，云物流对快递行业的收货、运输、终端配送的运作模式进行了整合，实现了批量运输，部分解决了我国运输行业长期存在的空驶（或是半载）问题，提高了运输公司的效率，降低了成本。云计算在快递行业的应用只是其在物流行业中的应用的一小部分。

（2）云计算在整个物流行业的应用。

在物流领域，有些运作中已经有“云”的身影，如车辆配载、运输过程监控等。借助云计算中的“行业云”，可以多方收集货源和车辆信息，并使物流配载信息在实际物流运输需求发生以前得以发布，加快了物流配载的速度，提高了配载的成功率。

“云存储”也是可以发展的方向之一，利用移动设备将在途物资作为虚拟库存，即时进行物资信息交换和交易，将物资直接出入库，并直接将货物运送到终端用户手中。受益于云物流的还有供应链，零售业在云物流的影响下也将发生变化。如果说云计算为快递行业降低生产成本发挥了很大作用，那么云计算在物流行业的应用带来的直接效果就是降低物流成本，这将大大提高物流业的社会效益。图 4－18 所示为云物流示意图。

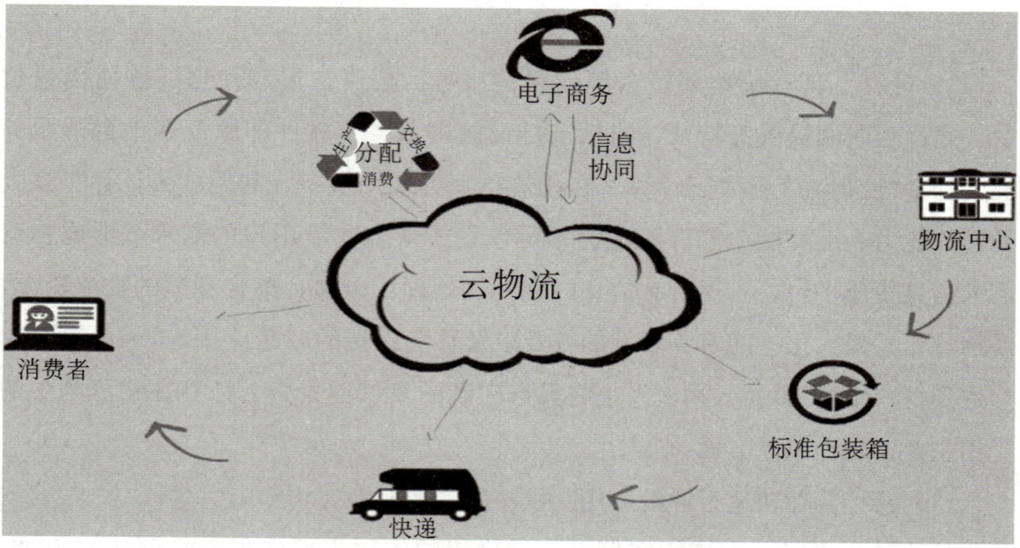

图 4－18 云物流示意图

3. 大数据

大数据在物流企业中的应用主要包括以下几个方面。

（1）市场预测。

商品进入市场后，并不会一直保持稳定的销量，随着时间的推移、消费者行为和需求的变化，其销量也是不断变化的。在过去，我们总是习惯于通过调查问卷和以往经验来寻找客户的来源。而当调查结果总结出来时，往往已经是过时的了，延迟、错误的调查结果只会让管理者对市场需求做出错误的估计。而大数据能够帮助企业完全勾勒出其客户的行为和需求信息，通过真实而有效的数据反映市场的需求变化，从而对产品进入市场后的各个阶段做出预测，进而合理地控制物流企业库存和安排运输方案。

（2）物流中心的选址。

物流中心选址要求物流企业在充分考虑自身的经营特点、商品特点和交通状况等因素的基础上，使配送成本和固定成本等之和达到最小。针对这一问题，可以利用大数据中分类树的方法来解决。

（3）优化配送线路。

配送线路的优化是一个典型的非线性规划问题，它一直影响着物流企业的配送效率和配送成本。物流企业运用大数据来分析商品的特性和规格、客户的不同需求（时间和金钱）等问题，从而用最快的速度对这些影响配送计划的因素做出反应（比如选择哪种运输方案、哪种运输线路等），制定最合理的配送线路。而且企业还可以通过配送过程中实时产生的数据，快速地分析出配送路线的交通状况，对事故多发路段做出提前预警；精确分析整个配送过程的信息，使物流的配送管理智能化，提高物流企业的信息化水平和可预见性。

（4）仓库储位优化。

合理地安排商品储存位置对于提高仓库利用率和搬运分拣的效率有着极为重要的意义。对于商品数量多、出货频率快的物流中心，储位优化就意味着工作效率和效益的提高。哪些货物放在一起可以提高分拣率，哪些货物储存的时间较短，都可以通过大数据的关联模式法进行分析，从而根据商品数据间的相互关系来合理地安排仓库位置。

大数据在供应链中的作用如图 4－19 所示。

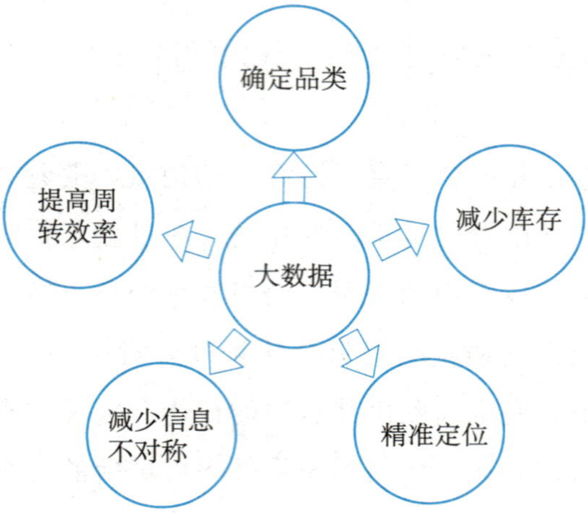

图 4－19　大数据在供应链中的作用

4. 物联网技术

物联网是指通过各种信息传感设备和技术，如传感器、射频识别（RFID）技术、全球定位系统、红外感应器、激光扫描器、气体感应器等，实时采集任何需要监控、连接、互动的物体或过程，采集声、光、热、电、力学、化学、生物、位置等各种需要的信息，与互联网结合形成的一个巨大的网络。其目的是实现物与物、物与人、物与网络的连接，方便识别、管理和控制。

物流业是物联网很早就实实在在落地的行业之一，很多先进的现代物流系统已经具备了信息化、数字化、网络化、集成化、智能化、柔性化、敏捷化、可视化、自动化等先进技术特征。概括起来，目前相对成熟的应用主要集中在如下四大领域：

一是产品的智能可追溯的网络系统。如食品的可追溯系统、药品的可追溯系统等。这些智能的产品可追溯系统为食品安全、药品安全提供了坚实的物流保障。

二是物流过程的可视化智能管理网络系统。这是基于 GPS 技术、RFID 技术、传感技术等多种技术，在物流过程中可实时实现车辆定位、运输物品监控、在线调度与配送的可视化与管理系统。

三是智能化的企业物流配送中心。基于传感、RFID、声、光、机、电、移动计算等各项先进技术，建立全自动化的物流配送中心，建立物流作业的智能控制、自动化操作的网络，实现物流与制造联动，实现商流、物流、信息流、资金流的全面协同。

四是企业的智慧供应链。在竞争日益激烈的今天，面对大量的个性化需求与订单，怎样才能使供应链更加智慧，怎样才能做出准确的客户需求预测，是企业经常遇到的现实问题。这就需要智慧物流和智慧供应链的后勤保障网络系统的支持。此外，基于智能配货的物流网络化公共信息平台建设，物流作业中智能手持终端产品的网络化应用等，也是目前很多地区推广的物联网在物流业中应用的模式。物联网在仓储中的应用如图 4-20 所示。

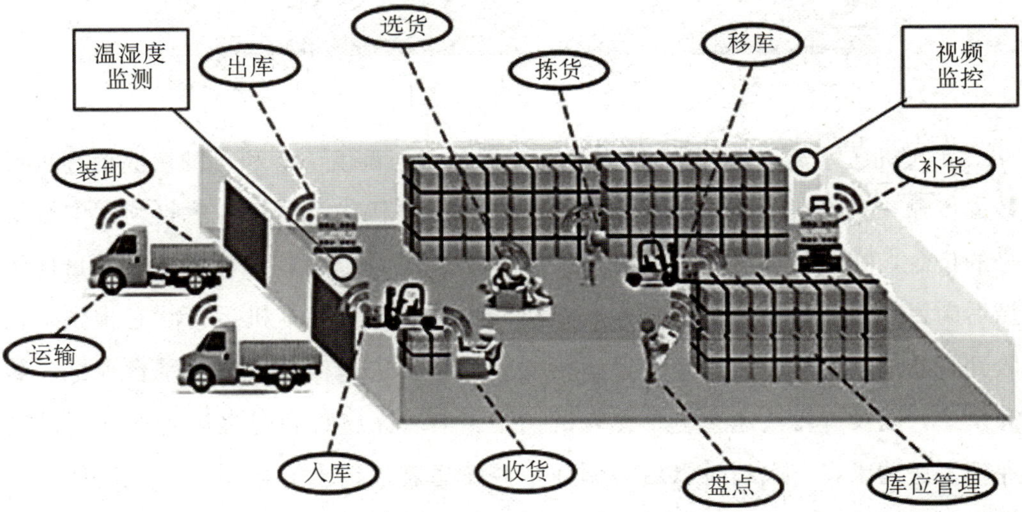

图 4-20　物联网在仓储中的应用

二、新设备

1. 快递无人机

快递无人机采用多旋翼飞行器，配有 GPS 自控导航系统、iGPS 接收器、各种传感器以及无线信号收发装置，如图 4-21 所示。无人机具有 GPS 自控导航、定点悬浮、人工控制等多种飞行模式，集成了三轴加速度计、三轴陀螺仪、磁力计、气压高度计等多种高精度传感器和先进的控制算法。无人机配有黑匣子，以记录运行状态信息。同时无人机还具有失控保护功能，当无人机进入失控状态时将自动保持精确悬停，失控超时将就近飞往快递集散分点。

图 4-21 快递无人机

无人机通过4G网络和无线电通信遥感技术与调度中心和自助快递柜等进行数据传输，实时向调度中心发送自己的地理坐标和状态信息，接收调度中心发来的指令，在接收到目的坐标以后采用GPS自控导航模式飞行，在进入目标区域后向目的快递柜发出着陆请求、本机任务状态报告和本机运行状态报告，在收到着陆请求应答之后，由快递柜指引无人机在快递柜顶端停机平台着陆、装卸快递，以及进行快速充电。无人机在发出请求无应答超时之后再次向目的快递柜发送请求，三次超时以后向调度中心发送着陆请求异常报告、本机任务状态报告和本机运行状态报告，请求指令。无人机在与调度中心失去联系或者出现异常故障之后将自行就近飞往快递集散分点。

2. 仓库智能机器人

在菜鸟仓库里，一群“货到人”机器人队伍正在各自岗位有条不紊地搬运着货架，这支高效队伍已能很好地融入工位工作，配合人力后能够以普通物流八倍的速度为菜鸟效劳。

仓库被划分为无人区和工位区两个部分，其中占地约90%的无人区为机器人工作范围，工位区分派有数名分拣工人，每名工人配合8～10个机器人共同工作。机器人接收到某批次订单指令后，搬出指定货架并运送到工位区，分拣工人通过电子屏显示的商品明细与提示进行分拣，将货物转移到播种墙，并同时完成商品标签扫描确认。补货与拣货程序相反。机器人在完成一定工作量后返回充电桩定时快充。菜鸟仓库里的分拣机器人如图 4－22 所示。

图 4－22　菜鸟仓库里的分拣机器人

3. 自动拣货系统

菜鸟网络自动拣货系统能够做到百亿级数据处理，自动识别货品位置。仓库通过一整套自动化系统，日拣货件数达到 100 万件，为消费者享受网购当日达和次日达服务提供了保障。图 4－23 所示为天猫超市自动分拣系统。

图 4－23　天猫超市自动分拣系统

该自动化系统精准高效，可以从 4 万多个商超全品类商品中准确拣选出货品。据介绍，自动化就像给快递箱装上了眼睛和双脚，能指引它们自己去拣选货品。这样一来，人工仅需在条码复核、分拣机监护等环节投入，货品的运输、仓储、装卸、搬运等七个环节可一体化集成，效率至少提升 30%，拣货准确率几乎可达 100%。

4. AR 智慧物流系统

菜鸟自成立以来，不断研发使用各种“黑科技”，继全自动化的机器人仓库以后，2016 年 10 月又实验了一个 AR 智慧物流系统，颠覆了人们心中对物流的认知。

只要带上 AR 眼镜，打开操作系统，就可接收订单，工作人员还可直观地看到商品的质量、体积等各种信息，进行快速分类。菜鸟的 AR 智慧物流系统如图 4 - 24 所示。

图 4 - 24　菜鸟的 AR 智慧物流系统

5. WMS 仓储系统

菜鸟 WMS 仓储系统采用 S 型拣货路线，自动配齐订单货品。仓库管理系统是入库业务、出库业务、仓库调拨、库存调拨、综合批次管理、物料对应、库存盘点、质检管理、虚仓管理和即时库存管理等功能综合运用的管理系统，能够有效控制并跟踪仓库业务的物流和成本管理全过程，实现完善的企业仓储信息管理。该系统可以独立执行库存操作，与其他系统的单据和凭证等结合使用，可提供更为完整全面的企业业务流程和财务管理信息。菜鸟的仓储管理系统如图 4－25 所示。

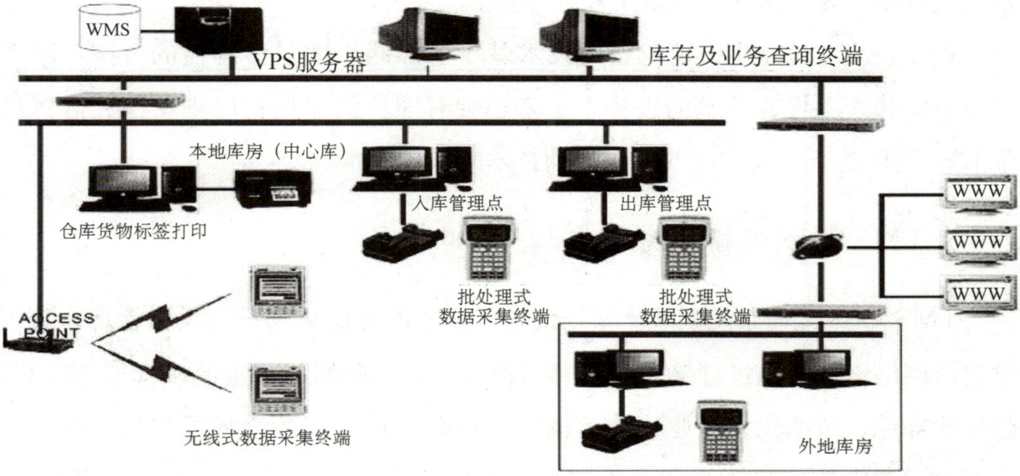

图 4－25　菜鸟的仓储管理系统

6. 仓内复杂拣货机器人矩阵

在这套系统中，每一个货架的底部都会贴有二维码，相当于货架的“身份证”，地面上每隔一米也贴有二维码，用于机器人识别实时位置以及导航路径。改造后的仓库使拣货员只需在拣货区的工作站范围内进行作业，当他需要某种物料的时候，通过操作后台系统即可唤来相应的货架。自动拣货货架如图 4－26 所示。

图 4－26　自动拣货货架

7. 视觉识别系统

视觉识别系统的主要功能是确保订单准确、包装完整安全。视觉识别系统具有卓越的元件检验、识别和引导功能。这些独立的工业级视觉系统内含高级视觉工具库，具有高速图像采集和处理功能。

现在，菜鸟智能化识别包裹的技术基于条形码+大量传感器的方案，随着材料科学和人工智能技术的进步，未来还会有廉价的标记物出现，包装盒将自带 ID，利用基于深度学习的图像识别技术来降低成本。

8. TMS/DSS 运输系统

TMS/DSS 运输系统从战略布局优化、业务流程优化到日常操作管理，基于供应链网络设计，通过订单全生命周期管理、节点监控，覆盖运输管理各环节，建立标准化、精细化、专业化的运输管理规范，达到业务全程可视化，有效提升物流运营中的信息流、产品流和资金流的高效运作，提高业务风险管控力，有效改善企业整体运营效益，使利润最大化。TMS/DSS 运输系统如图 4－27 所示。

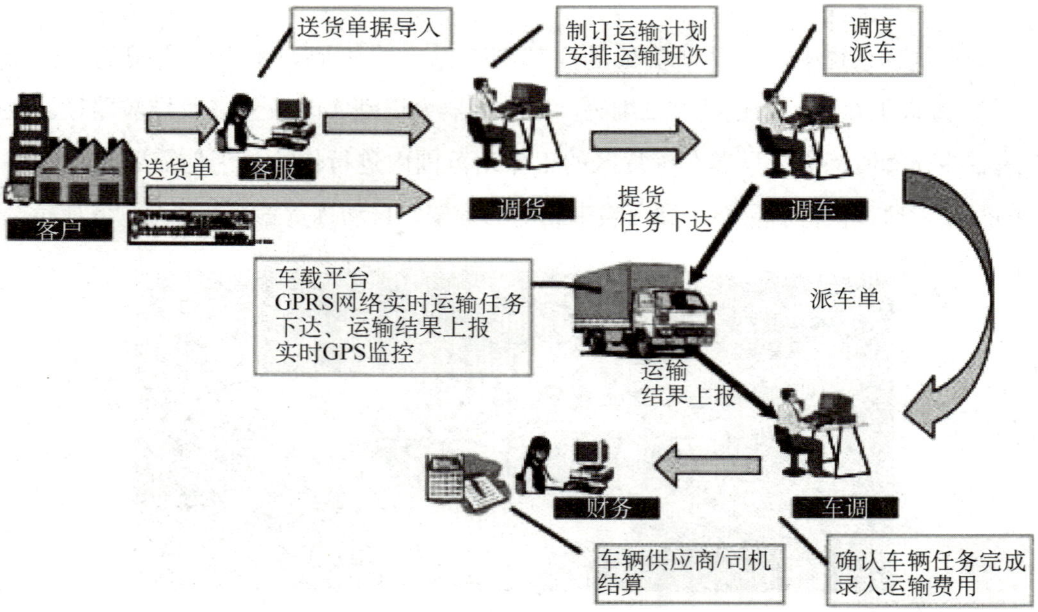

图 4－27 TMS/DSS 运输系统

9. 末端配送机器人

2016 年 9 月 1 日下午，阿里巴巴称，菜鸟 ET 物流实验室研发的末端配送机器人“小 G”，已经在其杭州总部展开送货测试。小 G 是一台可以在陆地上行走的机器人，身高 1 米左右，如图 4 - 28 所示，大概能装 10～20 个包裹。只要通过手机向小 G 发出服务请求，它便会规划最优配送路径，将物品送到指定位置，用户可通过电子扫描签收。走在路上，小 G 能动态识别环境的变化，它不仅能识别路上的行人、车辆，还可以自己乘坐电梯，甚至能够感知到电梯的拥挤程度，它是绝对不会跟人抢电梯的。

图 4 - 28　配送机器人

任务四　菜鸟联盟的快递服务

任务描述

小吴已经入职了，他工作非常勤奋，想在自己的岗位上有所贡献，但他还是对菜鸟联盟的快递服务不是很熟悉，菜鸟联盟的快递服务平台是怎么运作的，快递又是如何运转的，小吴都是一头雾水。勤奋的小吴一边工作，一边开始了自己的学习。

任务目标

1. 了解菜鸟联盟的商家服务；
2. 了解菜鸟联盟的物流商服务。

任务实施

一、商家服务

1. 电子面单

(1) 概念。

菜鸟电子面单，是由菜鸟网络和快递公司联合向商家提供的一种通过热敏纸打印输出纸质物流面单的物流服务。商家可在淘宝天猫的卖家中心申请开通该服务，菜鸟会把服务申请转发给快递公司，快递公司审核通过后会给商家提供电子面单热敏打印纸；商家再通过发货软件与菜鸟网络系统交互，获得菜鸟生成的面单号（快递面单号段由快递公司提供）等打印信息，并通过热敏打印机（打印机由商家自行购买或与网点协商解决）完成电子面单打印并交付快递公司揽收派送。

(2) 服务优势。

1）打印速度提升4～6倍：降低面单打印的人力成本和设备成本，相比使用传统面单节省了一半以上的打印机数量和人力投入。

2）取消了抽底单环节：包裹出库时减少了抽底单的工序，降低了操作成本，提升了操作效率。

3）可充当拣货单：菜鸟电子面单下联有商家自定义区域，可供商家打印商品信息等，省去了专门打印拣货明细的环节。

4）提升包裹送达时效：由于整体物流链路的效率提升，消费者能够比以往更快收到包裹，对店铺的满意度会更高。

5）单号回收使用：打印信息错误等情况发生时，已打印出来的快递单号可以自动回收，避免单号浪费。

6）有效维权凭证：菜鸟电子面单在部分业务维权时，无须上传底单图片，也能实现快速维权处理。

（3）菜鸟电子面单与传统电子面单的对比。

如表 4－3 所示。

表 4－3 菜鸟电子面单与传统电子面单的对比

项目	菜鸟电子面单	传统电子面单
快递合作	无须系统开发，15 个主流快递公司想用就能用	需要系统开发，使用多家快递公司需多次系统对接
操作效率	大头笔在包装上写地址会细化到派件网点（部分快递），让中转和派送效率更高	无
系统稳定性	系统可用度 99.999%以上，大促期间绝对稳定	参考各家快递公司的承诺
筛单功能	可识别超区订单，减少转单造成的破损或延误	无
余额提醒	可根据店铺运营情况，自行设置单号可用数量的提醒阈值和频次	无
维权凭证	在部分业务维权时，无须上传底单图片，也能实现快速维权处理	无
系统对接	商家在卖家中心后台自助申请。一次申请 15 家主流快递公司，无须和每一家快递公司做对接	快递公司自己开发的电子面单服务，商家使用必须快递公司上门做系统对接，使用一家快递公司的面单则需要对接一次

（4）开通使用流程。

电子面单服务的开通使用流程如图 4－29 所示。

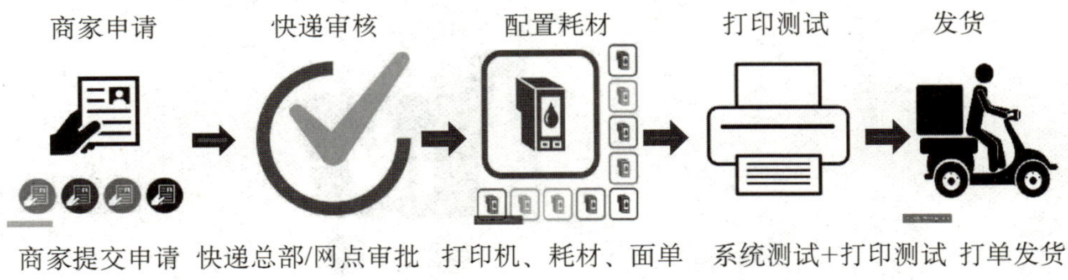

图 4－29 电子面单服务的开通使用流程

2. 橙诺达

（1）服务介绍。

菜鸟联合六大快递公司，向商家做出时效承诺。根据不同的线路，时效服务分为：

1）次日达。今天揽收，明天 24 点前为客户送达。

2）隔日达。今天揽收，后天 24 点前为客户送达。

3）三日达。今天揽收，揽收当日＋3 天 24 点前为客户送达。

图 4－30 所示为菜鸟网络中各快递公司的关系。

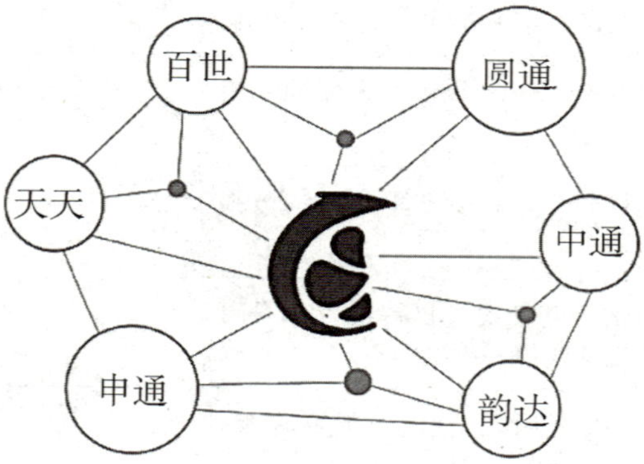

图 4－30　菜鸟网络中各快递公司的关系

（2）服务宗旨。

1）共同为买家提供有时效保障的物流体验，增强买家在卖家店铺购物的信心。其宣传图如图 4－31 所示。

图 4－31　菜鸟网络物流时效宣传图

2）通过揽收—中转—派送 3 个环节的体系优化，增加揽收频次，提高中转效率，提高末端配送能力，让快递服务从不确定性向确定性转变，提升快递服务能力。其示意图如图 4－32 所示。

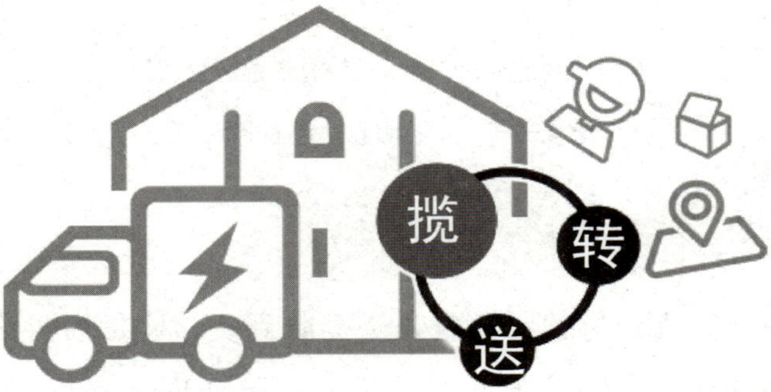

图 4－32　菜鸟网络揽转派示意图

（3）商家服务。

1）快递公司提供可承诺的线路、定价以及赔付标准；

2）商家订购后，通过实际需求在智选物流平台上进行发货地及线路的设置；

3）商家发货时所选择的线路订单需要在快递公司的服务承诺范围内；

4）未在承诺时效送达的订单在揽收日＋5 日自动判断快递公司是否达成承诺；

5）未达成部分自动赔付至店铺绑定的支付宝账号。

（4）查找路径。

路径一：千牛软件。其查询路径如图 4－33 所示。

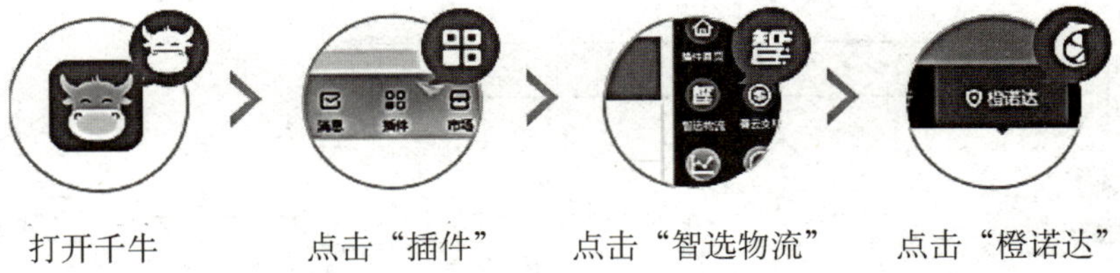

图 4－33　千牛软件查询路径

路径二：天猫卖家中心。其查询路径如图 4－34 所示。

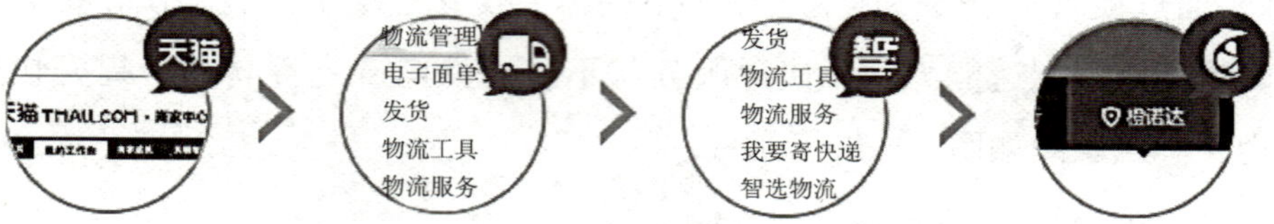

图 4-34　天猫卖家中心查询路径

3. 货到付款

(1) 服务简介。货到付款服务就是买家收到货，验货后再付款，是一种安全、便捷、时尚的支付和物流方式。支付方式包括现金支付、支付宝扫码付。合作物流有圆通、中通、韵达、宅急送、顺丰。

(2) 服务优势。有助于商家招徕新客户，扩大消费人群；降低买家网上购物的门槛；扩大卖家市场；提高卖家订单转化率。

(3) 准入机制。天猫卖家准入条件：店铺为非虚拟类目，同时店铺第一主营类目为非虚拟类目。淘宝卖家准入条件：店铺为非虚拟类目，同时店铺第一主营类目为非虚拟类目；卖家信用评分：1 钻以上（含 1 钻）；支持消费者保障服务并已缴纳保证金。

(4) 服务订阅。登录后依次点击“我的淘宝”“我是卖家”“物流管理”“物流服务”，选择“货到付款”后点击“立即订购”。

(5) 业务流程。

货到付款现金业务流程如图 4-35 所示：

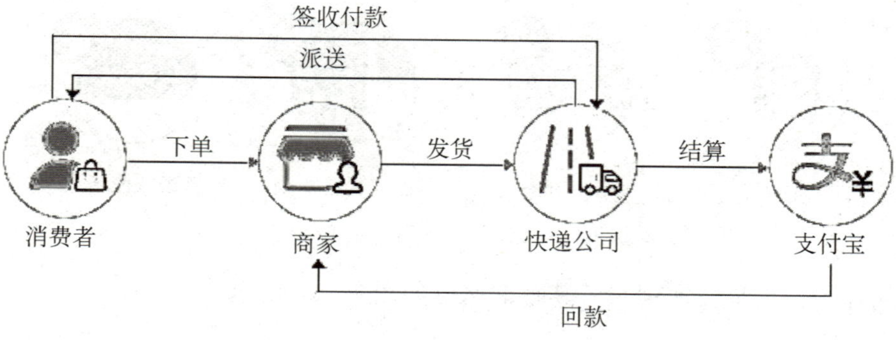

图 4-35　货到付款现金业务流程

货到付款扫码付业务流程如图 4-36 所示：

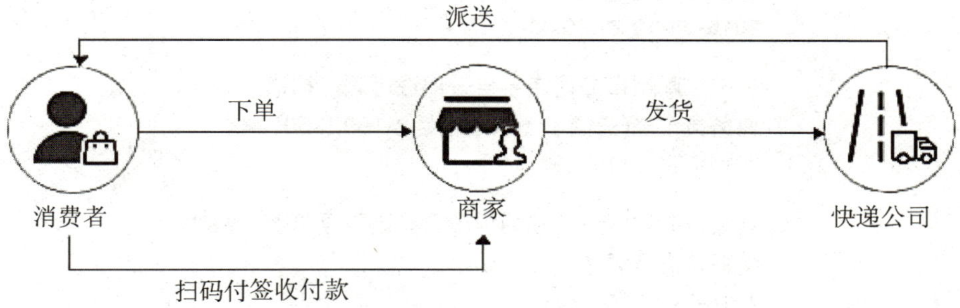

图 4-36 货到付款扫码付业务流程

4. 物流跟踪

(1) 服务简介。快递物流详情服务是菜鸟向消费者提供的一项购物后的快递物流状态查询服务，旨在为消费者提供及时、准确、便捷的物流状态跟踪服务体验。

(2) 服务内容。1) 物流节点提醒：在包裹“已揽收”“到达用户所在城市”“派送中”等用户关心的几个关键节点给出系统提示，便于用户做好收货准备；2) 计算和服务：使用 DT 技术编写文本地址，形成详细的结构化地址，并进行空间分析计算，得到地址的精确坐标位置和空间信息，并提供和开放各种地址处理和计算的服务，如地址分词、地址编码、地址清洗服务等，给行业用户和社会用户减少重复投资，提升行业效率；3) 多平台协同：在多平台同时展示物流信息，以便满足不同操作习惯的用户需求。提供物流跟踪服务的主要平台有：淘宝 PC 端、淘宝手机 App、菜鸟裹裹 App、天猫手机 App、支付宝 App。

目前菜鸟为 15 家国内主流快递公司提供物流信息服务的推送接口，并为 20 多家其他快递公司提供物流信息主动拉取服务；作为连接消费者、快递公司、商家三方的信息处理平台，菜鸟拥有千万级的物流信息处理能力，可进行实时多平台分发和同步，为不同群体的用户提供购物后的物流信息展现服务。物流信息查询界面如图 4-37 所示。

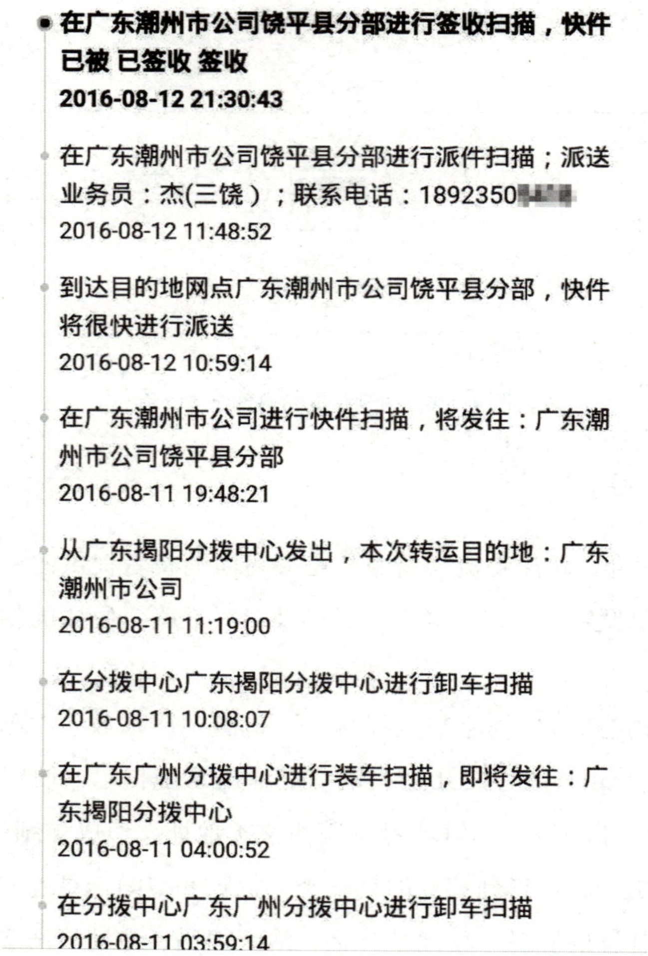

图 4-37 物流信息查询界面

二、物流商服务

1. 路由分单

（1）服务简介。路由分单系统基于海量大数据系统和阿里云计算系统，以菜鸟电子面单为载体，提供整套完善、高效、准确的快件分拣解决方案。

（2）服务优势。

1）基于大数据的智能分析。基于海量大数据系统，提供整套完善、高效、准确的快件分拣解决方案。

2）智能学习纠错。分单系统提供比人工记忆更准确的分拣精度，能为下游分拣复核和错分处理环节节省大量人力和时间。

3）多种作业模式支持。分单系统可完全代替人工记忆，提供灵活的外部接口，内部简单化，外部多样化。

4）分单系统安全、高效、可控。分单系统基于稳定的云计算环境，具有持续、稳定的分拣能力，能长时间、不间断地进行分拣作业。

（3）传统分单系统与菜鸟分单系统的对比如表 4－4 所示。

表 4－4　传统分单系统与菜鸟分单系统的对比

项目	传统分单系统	菜鸟分单系统
人力	一名分拣工至少需培训半年才能上岗；一个大型分拨中心需要 200 名分拣工	分单系统为阿里巴巴快递合作伙伴分拣中心自动化夯实基础
效率	3～5 秒/件	1～2 秒/件
准确率	95%左右	98%以上，经数据沉淀后，可接近 100%
稳定性	依赖人工记忆，稳定性不如计算机，较难应对旺季	大数据智能分单，不受外界影响，可不间断作业

（4）接入菜鸟分单系统。需要进行分单接入的快递企业只需将分拨中心和网点的基础数据传入分单系统进行数据校验，校验成功后，本企业分拣载体只需接入分单接口即可正常工作，无须任何复杂、长期的系统开发和部署，接入过程简单便捷。

2. 菜鸟天地

（1）服务简介。菜鸟天地是连接菜鸟与快递合作伙伴的数据交互和共享平台，旨在以数据为驱动力，帮助快递公司提升揽派效率、改善服务质量和定位异常问题。

（2）主要功能。1）龙虎榜：提供快递合作伙伴服务指标横向对比，逐渐沉淀出快递行业公认的数据指标评估体系；2）单量时效统计分析：为快递合作伙伴提供包裹数量、揽派时效与线路准点分析，帮助合作伙伴及时发现短板、提升效率；3）异常分析：利用大数据挖掘能力，准确定位快递链路中的疑似异常行为，降低异常风险，减少继发损失；4）服务质量评估与建议：利用物流服务评价相关数据，为合作伙伴提供服务质量综合评估与改善建议，共同协作提升快递末端的服务体验；5）大促专题：对大促期间的关键数据指标进行实时监控，提供进出港包裹量预测、预报与预警服务，为合作伙伴提供数据化的决策支持参考；6）数据化管理：通过菜鸟网络的大数据处理，帮助快递合作伙伴实现数据化管理，提升快递全链路转运效率与稳定性，改善服务质量。

3. 指数分析

（1）快递指数：快递服务指标的综合评价体系，客观量化各合作伙伴的物流服务品质。

（2）网点指数：针对网点各项服务指标进行综合评估的指标体系，定位网店主要分数流失项，便于网店定位问题，帮助其优化。

任务五 菜鸟网络之跨境物流

任务描述

在菜鸟公司工作一段时间后，由于跨境物流部门人手不够，小吴被调入了跨境物流部，但小吴对跨境物流还比较陌生，不过这对于热爱学习的小吴来说都不是问题，小吴又开始了新的学习。

任务目标

1. 掌握菜鸟网络的进出口运营形式；
2. 掌握菜鸟网络的进出口运营形式的流程；
3. 了解这些形式可以为客户创造哪些价值；
4. 掌握客户如何使用菜鸟网络提供的跨境物流商家服务。

任务实施

为更好地服务于消费者和商家，菜鸟网络建立了以协同共赢、数据技术赋能为核心的平台，将更多的合作伙伴纳入其中。截至2018年6月，菜鸟网络的跨境物流合作伙伴数量已经有89家，包括燕文、递四方、新加坡邮政、英国邮政、中通、圆通、EMS、IC、斑马等，其物流覆盖能力可至全球224个国家/地区，跨境仓库数量达到231个，搭建起一张真正具有全球配送能力的跨境物流骨干网。下面就其跨境物流商家服务内容进行介绍。

一、进口无忧

1. 无忧保税

无忧保税是菜鸟为淘宝体系进口（天猫国际、全球购）商家提供的跨境进口电子商务领域的一站式物流服务，服务内容主要包括商家和商品入境前在海关和商品检验机构进行备案、保税仓储及订单履行作业、行邮包裹入境清关、国内配送以及与物流相关的增值服务。

无忧保税业务流程如图4-38所示：

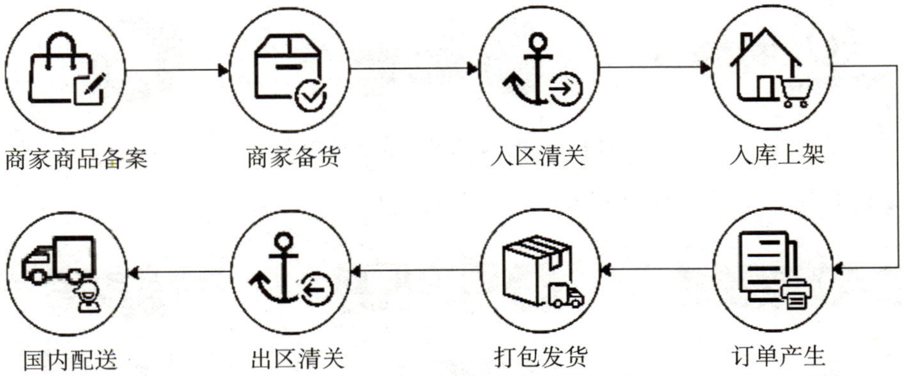

图4-38　无忧保税业务流程

该物流业务为商家创造的价值如图4-39所示。

开设口岸：杭州、广州、上海、宁波、重庆、天津、郑州、深圳。

图 4-39　无忧保税业务为商家创造的价值

菜鸟仓库合作伙伴如图 4-40 所示。

图 4-40　菜鸟仓库合作伙伴

菜鸟配送主要合作伙伴如图 4-41 所示：

图 4-41　菜鸟配送主要合作伙伴

2. 无忧直邮

商家在国外采购货物，采购完毕后送至菜鸟海外仓，菜鸟统一打包，以集货方式进境，经海关清单核放，查验放行后配送到消费者手中。

无忧直邮业务流程如图 4－42 所示。

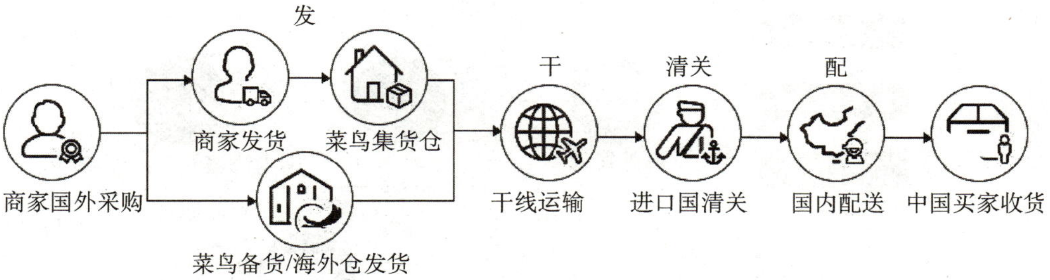

图 4－42　无忧直邮业务流程

菜鸟跨境进口海外覆盖线路：美国、英国、德国、澳大利亚、新西兰、日本、韩国等。

商家价值：适用于零散销售商品，通过集货方式运输，时效快，价格优。

到达时间：7～14 天。

无忧直邮业务合作伙伴及进口国际物流的形式如图 4－43、图 4－44 所示。

图 4－43　无忧直邮业务合作伙伴

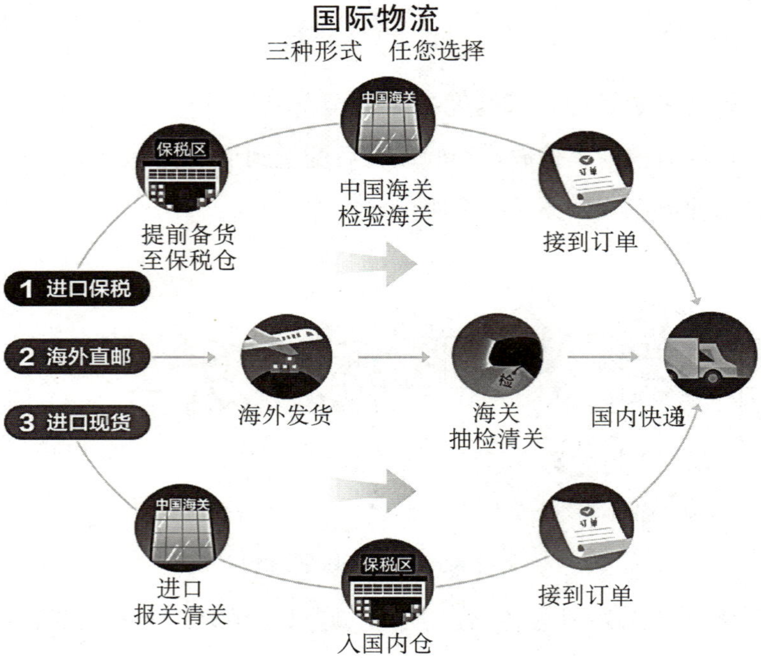

图 4-44 进口国际物流的形式

二、出口无忧

1. 无忧物流

为确保卖家可以放心地在速卖通平台上经营，帮助卖家降低物流不可控因素的影响，阿里巴巴集团旗下全球速卖通及菜鸟网络联合推出线上发货升级版——“AliExpress 无忧物流”服务，为卖家提供包括揽收、配送、物流详情追踪、物流纠纷处理、售后赔付在内的一站式物流解决方案。

AliExpress 无忧物流有以下优势：

（1）渠道稳定、时效快。

菜鸟网络与多家优质物流商合作，搭建覆盖全球的物流配送网络；智能分单系统会根据商品目的国、品类、重量选择最优物流方案。

（2）低于市场价。

发全球享受市场价 8～9 折，只发 1 件也有折扣；使用支付宝收款账户中未结汇的美元支付运费。

（3）操作简单。

一键选择无忧物流即可完成运费模板设置；出单后发货到国内仓库即可，深圳、广州、义乌等重点城市免费上门揽收。

（4）平台承担售后。

物流纠纷无须卖家响应，直接由平台介入核实物流状态并判责；物流原因导致的纠纷、买家服务评级系统（Detail Seller Rating，DSR）低分不计入卖家账号考核。

（5）你敢用我敢赔。

物流原因导致的纠纷退款由平台承担（标准物流赔付上限 800 元人民币，优先物流赔付上限 1 200 元人民币）。

无忧物流业务流程如图 4－45 所示。

图 4－45　无忧物流业务流程

2. 线上发货

“线上发货”是由阿里巴巴全球速卖通、菜鸟网络联合多家优质第三方物流商打造的物流服务体系。

卖家使用“线上发货”需要在速卖通后台在线下物流订单，物流商上门揽收后（或卖家自寄至物流商仓库），卖家可在线支付运费并在线发起物流维权。阿里巴巴作为第三方将全程监督物流商服务质量，保障卖家权益。

知识小结

1. 物流联盟的含义及基本组织结构。
2. 物流联盟的运营模式及盈利模式。
3. 以菜鸟网络为代表的物流联盟所使用的新技术和新设备。

4. 菜鸟网络的快递服务。

5. 菜鸟网络的跨境物流。

练习提升

一、单选题

1. 物流联盟又称为（　　），是以物流为合作基础的企业战略联盟，它是指两个或多个企业之间，为了实现自己的物流战略目标，通过各种协议、契约而结成的优势互补、风险共担、利益共享的松散型网络组织。

A. 第一方物流　B. 第二方物流　C. 第三方物流　D. 第四方物流

2. 企业之间（　　）是物流联盟形成的基础。

A. 信息共享　B. 客户共享　C. 利益共享　D. 设备共享

3. 中国加入WTO后，中国物流企业只有（　　），才能抵抗国外物流巨头的竞争。

A. 相互竞争　B. 恶性竞争　C. 相互投靠　D. 结成联盟

4. 在物流联盟中，（　　）可以提供专业的物流服务。

A. 第三方物流提供商　B. 物流咨询公司

C. 客户　D. 其他增值服务提供商

5. （　　）在物流联盟中起着“智囊团”的作用。

A. 第三方物流提供商　B. 物流咨询公司

C. 客户　D. 其他增值服务提供商

6. 由第四方物流为第三方物流提供其缺少的资源，如信息技术、管理技术，制定供应链策略和战略规划方案等，并与第三方物流共同开发市场，而具体的物流业务实施则由第三方物流在第四方物流的指导下来完成的物流运作模式为（　　）。

A. 协同运作型　B. 方案集成型　C. 行业创新型　D. 动态联盟型

7. 由第四方物流为客户提供运作和管理整个供应链的解决方案，并利用其成员的资源、能力和技术进行整合和管理，为客户提供全面的、集成的供应链管理服务的物流联盟形式为（　　）。

A. 协同运作型　B. 方案集成型　C. 行业创新型　D. 动态联盟型

8. 提供平台，供大家进行信息共享，以节约资源、提高公司设施及信息利用率从而获取利润的盈利模式称为（　　）。

A. 信息共享平台模式　　B. 物流咨询模式

C. 增值服务模式　　D. 供应链集成商模式

9. 在第四方物流为物流供需双方提供增值服务，并从中获取到大量经验后，第四方物流企业可以将自身的经验作为知识资本来获取利润的盈利模式称为（　　）。

A. 信息共享平台模式　　B. 物流咨询模式

C. 增值服务模式　　D. 供应链集成商模式

10. 以提供客户库存分析、运输路线规划等服务为盈利点的盈利模式为（　　）。

A. 信息共享平台模式　　B. 物流咨询模式

C. 增值服务模式　　D. 供应链集成商模式

11. 利用（　　）强大的通信能力、运算能力和匹配能力，可以集成众多物流用户的需求，形成物流需求信息集成平台，实现所有信息的交换、处理、传递，整合零散的物流资源，使物流效益最大化。

A. 互联网　　B. 云计算　　C. 大数据　　D. 物联网

12. 利用（　　），可以帮助物流企业进行客户分析、线路规划、仓位规划等，使得物流企业可以更高效地运转。

A. 互联网　　B. 云计算　　C. 大数据　　D. 物联网

13. （　　）不是物联网在物流当中的应用。

A. GPS　　B. RFID　　C. 传感技术　　D. 海量数据

14. （　　）服务，是指由快递公司向卖家提供的一种通过热敏纸打印输出纸质物流面单的物流服务。

A. 快递单　　B. 电子面单　　C. 快递　　D. 快递打印

15. 今天揽收，后天24点前为客户送达的快递服务为（　　）。

A. 即日达　　B. 次日达　　C. 隔日达　　D. 三日达

16. （　　）是菜鸟为淘宝体系进口（天猫国际、全球购）商家提供的跨境进口电子商务领域的一站式物流服务，服务内容主要包括商家和商品入境前在海关和商检机构进行备案、保税仓储及订单履行作业、行邮包裹入境清关、国内配送以及物流相关的增值服务。

A. 无忧保税　　B. 无忧直邮　　C. 无忧进口　　D. 无忧出口

17. （　　）是指商家在国外采购货物，采购完毕后送至菜鸟海外仓，菜鸟统一打包，以集货方式进境，经海关清单核放，查验放行后配送到消费者手中。

A. 无忧保税　　B. 无忧直邮　　C. 无忧进口　　D. 无忧出口

二、判断题

1. 由于物流企业各自有各自的特点和实力，组建联盟必要性不大。（　　）

2. 信息高速公路的建成，使得异地物流企业利用网络也可以实现信息资源共享，为联盟提供了有利的条件。（　　）

3. 菜鸟网络专注打造的中国智能物流骨干网将通过自建、共建、合作、改造等多种模式，在全中国范围内形成一套开放的社会化仓储设施网络。（　　）

4. 第三方物流企业可以提供综合性的物流服务，也可以提供单一的物流服务。（　　）

5. 第三方物流企业在第四方物流中起着“智囊”的作用。（　　）

6. 帮助客户进行库存控制、配送路径规划等属于平台共享盈利模式。（　　）

7. 互联网对物流的发展影响不大。（　　）

8. 菜鸟电子面单在部分业务维权时，需上传底单图片，不能实现快速维权处理。（　　）

9. 利用大数据挖掘能力，可以准确定位快递链路中的疑似异常行为，降低异常风险，减少继发损失。（　　）

10. “线上发货”是由阿里巴巴全球速卖通、菜鸟网络联合多家优质第三方物流商打造的物流服务体系。（　　）

知识拓展

菜鸟网络商业模式

1. 企业概况

2013 年 5 月 28 日，阿里巴巴集团、银泰集团联合复星集团、富春控股、顺丰集团、“三通一达”（申通、圆通、中通、韵达）、宅急送、汇通，以及相关金融机构共同宣布，“中国智能物流骨干网”（简称 CSN）项目正式启动，合作各方共同组建的“菜鸟网络科技有限公司”正式成立。

其中，天猫投资 21.5 亿，占股 43%；银泰通过北京国俊投资有限公司投资 16 亿元，占股 32%；富春集团则通过富春物流投资 5 亿元，占股 10%；上海复星集团通过上海星泓投资有限公司投资 5 亿元，占股 10%；圆通快递、顺丰快递、申通快递、韵达快递、中通快递各出资 5 000 万元，各占股 1%。

同时，中国人寿保险（集团）公司与阿里巴巴集团和银泰集团，中信银行与菜鸟网络分别建立战略合作伙伴关系，为“中国智能物流骨干网”的建设提供资金支持。

2. 运作原理

菜鸟网络不效仿京东自建物流，以避免巨额资金投入吞噬公司的盈利和现金，而是利用产业集聚效应，建立物流仓储基地，以中小商户和快递公司为核心客户，将原材料生产到完成销售整个产业链转移到菜鸟网络平台之下，再渐渐衍生出商业、住宅以及其他配套设施。

菜鸟网络本身不从事物流，目标是通过 5～8 年的努力在物流的基础上打造一个开放、共享的社会化物流大平台，在全国任意一个地区做到 24 小时送达，构建中国智能物流骨干网。基于阿里系内的大数据，以及合作的第三方物流企业的数据等，进行整合运作，实现信息的高速流转，而生产资料、货物则尽量减少流动，以提升效率。

中国智能物流骨干网体系，联合网上信用体系、网上支付体系共同打造中国未来商业的三大基础设施。通过自建、共建、合作、改造等多种模式，在全中国范围内形成一套开放的社会化仓储设施网络。同时利用物联网、云计算、网络金融等新技术，建立开放、透明、共享的数据应用平台，为电子商务企业、物流公司、仓储企业、第三方物流服务商、供应链服务商等各类企业提供优质、高效和智能的服务，支持物流行业向高附加值领域发展和升级。

通过菜鸟物流平台的建设，可以达到：(1) 在线轻松发货，足不出户完成比价、挑选、发货；(2) 平台独享折扣，在线下单可享受部分品牌物流商折扣价；(3) 线路全国覆盖，百万条路线，直达乡镇；(4) 发货安全有保障，阿里物流协助解决客户与品牌物流商货运纠纷。

3. 商业模式

(1) 天网＋地网＋人网的逻辑结构。

天网：打造数据驱动的“云供应链”平台。通过打通独立软件供应商（ISV）应用软件、商家后台系统、阿里/菜鸟系统、合作伙伴系统进行电子商务数据交换与分享。

地网：以菜鸟为起点不断聚集货物、人气乃至产业。

人网：O2O+便民服务+物流服务。

菜鸟网络将天网、地网、人网有机融合，搭建中国智能物流骨干网，打造开放、共享的社会化物流大平台。首先，从阿里旗下的电子商务平台阿里巴巴（国际、国内）、淘宝、天猫以及借助阿里物流的其他电子商务平台，通过数据的互联，获取从企业生产需求到居民生活需要的各种供求信息。其次，通过自建的七大仓储中心以及整合的第三方物流、社会化的仓储，进行物流仓储资源的数据化分析和管理，获取丰富的仓储、运输信息，并及时掌握各种商品的存货信息。充分利用物联网技术与优质高效的现代仓储和运输手段，将货物在24小时内送到客户手中。再次，通过建立商业项目，鼓励租户在园区内开设类似于品牌旗舰店的O2O体验店，吸引平台内的商户，尤其是淘宝商城内的中小卖家来此租库、开店乃至生活，同时吸引为商家提供软件服务的IT公司入驻，直至形成一个完整的电商生态圈。

（2）战略方向。

为打造“中国智能物流骨干网”项目，菜鸟网络制定了五大具体战略方向：快递、仓配、跨境、农村和驿站，力争早日实现包裹国内24小时送达，全球72小时必达的目标。

菜鸟网络五大战略方向：

战略一：快递战略——帮助快递公司告别低端的价格战。

在快递方面，菜鸟网络下一步的重点是利用互联网和大数据，协同快递公司推进快递业务数据化以及产品、服务的分层，全面提升物流行业的速度和服务水平。同时围绕消费者体验，建立良好的市场秩序，帮助快递公司告别低端的价格战。

战略二：仓配战略——分仓降费，多个城市实现次日达。

在仓配智能骨干网方面，菜鸟网络通过社会化协同的方式形成一张覆盖全国的骨干网络，帮助商家提升仓配运营效率和体验。通过全国五地分仓的方式，降低物流成本，在多个城市实现次日达。

战略三：跨境战略——搭建全球网络，实现国际物流信息同步。

为配合阿里巴巴集团的全球化和农村战略，在跨境物流方面，菜鸟网络通过搭建全球网络，降低跨境电商物流门槛。

目前，菜鸟网络在多个国家建立了海外仓。在出口方面，实现各国邮政信息直连，同步设立海外仓，更好地服务全球市场；在进口方面，菜鸟网络将通过集货进口、直邮线路等方式，让消费者获得与国内网购一样的物流体验。

战略四：农村战略——渠道下沉，"千县万村"覆盖全国二段物流。

对于农村战略，依托阿里巴巴集团的农村淘宝，通过与上海万象等数十家落地配公司、中国邮政等合作伙伴社会化协同，快速形成覆盖全国的县到村二段物流等服务能力。

目前，菜鸟网络在宁夏、贵州、吉林、江西、福建、江苏、浙江、广东等地已经实现了村淘商品送货入村。菜鸟网络 2015 年 5 月份数据显示，阿里巴巴村淘覆盖区域的快递约 20%的订单在当日或次日即可送到。

战略五：驿站战略——万家驿站遍布全国的最后一公里。

城市方面，菜鸟同合作伙伴联手建设菜鸟驿站，在高校通过创业的学生，在小区通过绿城、万科等物业，在连锁店通过喜士多等渠道，形成覆盖全国主要城市的末端公共服务网络。

目前，菜鸟网络在全国范围内运营 2 万多个菜鸟驿站，提供末端的综合物流生活服务。未来，这将是一张遍布全国的最后一公里物流快递网络。此外，菜鸟推出 App"裹裹"，囊括所有快递公司的 App 功能，消费者可以查询物流、发件下单。

(3) 中国智能物流骨干网运作模式。

建设中国智能物流骨干网的关键和核心，一是在全国各大区域广布物流设施平台和节点，建立基础的仓储平台；二是通过大数据、云计算、物联网等新技术，实现信息共享，提升现有物流企业的仓库利用率和运作效率。

菜鸟网络针对东北、华北、华东、华南等七大区域选择中心位置进行仓储设施投资。建成后的中国智能物流骨干网大致运行如下：

菜鸟公司在区域中心城市建立仓储中心，在区域中心城市管辖区域，根据实际地理和运输情况再设置次中心或者整合现有的仓储中心，建立一个“以七大仓储中心为主，众多社会化的区域性次仓储中心为辅”的覆盖全中国的大型智能仓储网（及仓储信息网）。厂商/卖家可将商品通过信息手段编码之后，储藏进菜鸟旗下的仓储中心或者社会仓储中心，并将仓储数据统一上传到菜鸟公司数据处理中心。当买家需要购买产品时，菜鸟公司可通过数据库准确计算出最近的货物储藏位置。数据中心下达指令，对该商品进行快速移库，并由最近的物流公司将货物配送到买家手中。厂商/卖家甚至可以将公司ERP和阿里数据中心进行互联，按需生产。

（4）盈利模式。

目前，菜鸟网络的核心盈利不是来自租金，而是大数据服务，通过数据和信息服务来帮助客户不断降低库存和进行网点分配，一方面通过为商户和快递公司等客户提供数据来协助进行库存管理，另一方面则根据客户的需求来定制仓储服务。

思考

1. 菜鸟网络是如何运营的？
2. 菜鸟网络的战略方向包含哪些？
3. 菜鸟网络是怎么实现盈利的？

图书在版编目（CIP）数据

电子商务物流/吴强辉，赵彦辉主编．—北京：中国人民大学出版社，2019.8
教育部中等职业教育专业技能课立项教材
ISBN 978-7-300-27324-2

Ⅰ.①电… Ⅱ.①吴… ②赵… Ⅲ.①电子商务-物流管理-中等专业学校-教材 Ⅳ.①F713.365.1

中国版本图书馆 CIP 数据核字（2019）第 179152 号

“十四五”职业教育国家规划教材
“十三五”职业教育国家规划教材
教育部中等职业教育专业技能课立项教材
中等职业教育实战型电子商务规划教材
电子商务物流
主　编　吴强辉　赵彦辉
副主编　张　洪　徐朝君
参　编　卢桂玲　谢明进　李　奕
Dianzi Shangwu Wuliu

出版发行	中国人民大学出版社		
社　　址	北京中关村大街 31 号	**邮政编码**	100080
电　　话	010－62511242（总编室）		010－62511770（质管部）
	010－82501766（邮购部）		010－62514148（门市部）
	010－62515195（发行公司）		010－62515275（盗版举报）
网　　址	http://www.crup.com.cn		
经　　销	新华书店		
印　　刷	北京七色印务有限公司		
开　　本	787 mm×1092 mm　1/16	**版　　次**	2019 年 8 月第 1 版
印　　张	11	**印　　次**	2025 年 1 月第 13 次印刷
字　　数	170 000	**定　　价**	29.00 元

“十四五”职业教育国家规划教材
“十三五”职业教育国家规划教材
实战电商
教育部中等职业教育专业技能课立项教材

中等职业教育
实战型
电子商务规划教材

电子商务物流

主　编　吴强辉　赵彦辉
副主编　张　洪　徐朝君
参　编　卢桂玲　谢明进　李　奕

PPT课件　　电子教案　　课程标准　　习题试卷

中国人民大学出版社
·北京·